BRUJERÍA VERDE

Descubre la magia de
las plantas, hierbas,
cristales y más

3ª edición: noviembre 2021
Título original: GREEN WITCHCRAFT
Traducido del inglés por Francesc Prims Terradas
Diseño de portada: Editorial Sirio, S.A.
Diseño de interior: Erik Jacobsen
Maquetación: Toñi F. Castellón

© de la edición original
  2020 Callisto Media, Inc.

  Publicación original en inglés de Rockridge Press, un sello editorial de Callisto Media Inc.

© ilustraciones página 130
  2019, Studio Muti. NASA/Bill Dunford

© de la presente edición
  EDITORIAL SIRIO, S.A.
  C/ Rosa de los Vientos, 64
  Pol. Ind. El Viso
  29006-Málaga
  España

www.editorialsirio.com
sirio@editorialsirio.com

I.S.B.N.: 978-84-18531-07-1
Depósito Legal: MA-108-2021

Impreso en Imagraf Impresores, S. A.
c/ Nabucco, 14 D - Pol. Alameda
29006 - Málaga

Impreso en España

Puedes seguirnos en Facebook, Twitter, YouTube e Instagram.

 El papel utilizado para la impresión de este libro está **libre de cloro** elemental (ECF) y su procedencia está certificada por una entidad independiente, no gubernamental, que promueve la sostenibilidad de los bosques.

BRUJERÍA VERDE

Descubre la magia de las plantas, hierbas, cristales y más

Paige Vanderbeck

Ilustraciones de Studio Muti

EDITORIAL
SIRIO

Dedicado a Jimmy Hoppa.
Descansa en paz, mi conejo de la luna.

Índice

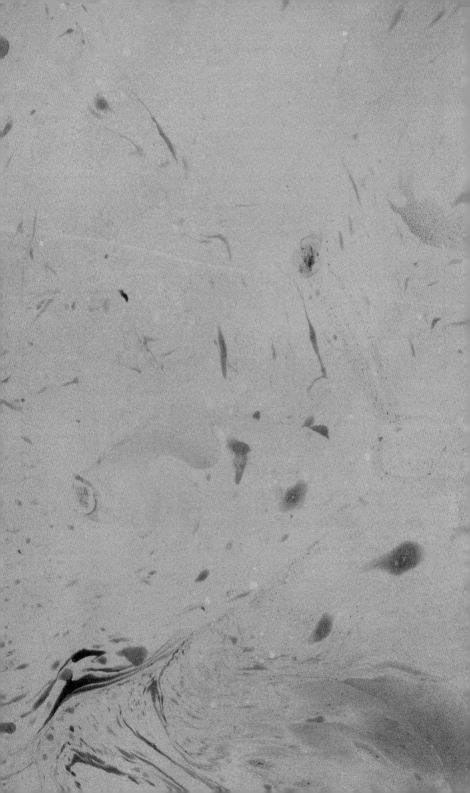

Introducción

Sentí la llamada de la tierra desde muy joven. No podía mantener los dedos de los pies fuera del barro y comía las frutas y verduras directamente de la planta. Trepaba a los árboles (por lo general, para llegar a las cerezas o las manzanas silvestres), trababa amistad con los animales del vecindario y criaba renacuajos hasta que se convertían en ranas en una vieja bañera con patas que había en el patio trasero. Vivía en el centro de la capital de la automoción de Canadá y me tumbaba en el pasto, y mientras veía pasar los autobuses de la ciudad, soñaba con el día en que estuviera capacitada para conducir mi propia «carroza de diosa adolescente» hasta la escuela. Explico esto porque existe el mito de que todo aquel que ama la tierra o conecta con ella vive en una granja o en medio del bosque, pero no es cierto. Cualquiera puede cultivar una relación con la tierra, sin que sea relevante en qué parte de ella se encuentre en ese momento.

Una de las primeras cosas que aprendí sobre la verdadera hechicería fue que es un camino para quienes quieren vivir en armonía con la tierra –aquellos que desean cultivar y cosechar plantas para obrar magia y con propósitos medicinales, y para mostrar respeto al espíritu de los árboles, los animales e incluso las rocas que los rodean–. Supe de inmediato que ese camino era el mío.

Si has llegado hasta este libro, imagino que has sentido la misma llamada de la tierra: la de reducir la velocidad y escuchar lo que tiene que enseñarte. Tal vez siempre has tenido un gran talento natural para el cuidado de las plantas, o siempre has querido aprender a usar la medicina natural, o tal vez te has dado cuenta hace poco de que necesitas establecer una conexión espiritual más significativa con la tierra.

Brujería verde es una guía para que puedas establecer una relación con todos los elementos naturales y sobrenaturales y aprovechar esta energía para canalizarla en tu vida diaria. Los usos medicinales y las connotaciones místicas de muchas de las plantas, flores, piedras y otros elementos que encontrarás en este libro se remontan a épocas antiguas, pero todos los ejercicios están concebidos para ser de utilidad en el mundo moderno.

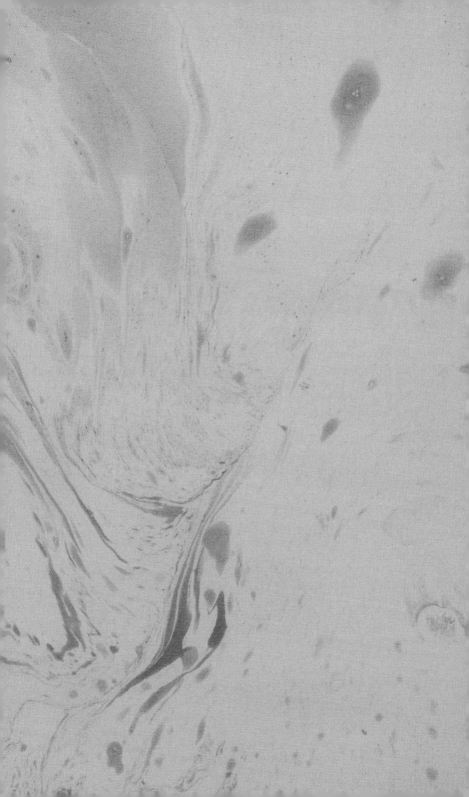

Qué es la brujería verde

En la primera parte de este libro te explicaré todo lo que necesitas saber antes de emprender el camino de la brujería verde: algo de historia, los valores y creencias de base, las herramientas necesarias y cómo preparar tu espacio para trabajar con las plantas y las piedras. Te explicaré qué significan para las brujas palabras como *magia* y *energía*, y algunos mitos e ideas equivocadas sobre la magia y las personas que creen en ella.

Capítulo 1

El camino de la bruja verde

Este capítulo versa sobre los conceptos filosóficos y las prácticas que definen la brujería verde y a quienes la practican. También se explica el origen de la brujería verde y por qué está centrada en el mundo natural.

La tradición de la brujería verde

La brujería verde es una práctica y un estilo de vida. Es también una forma de relacionarte íntimamente con la tierra. La tierra te sostiene, te provee y te cura, y tú respondes de la misma manera. Cuanto más te esmeras en tu relación con la tierra, más sacas de ella. Al estudiar y trabajar con elementos naturales –como las plantas, el clima y los cristales– y con el cosmos, las brujas sintonizan con los ciclos del crecimiento, la evolución, la armonía, la vida y la muerte. La sabiduría de la tierra es infinita, y también lo es el proceso de aprendizaje en el que se deleitan las brujas.

Si te ocupas de investigar sobre la brujería, es posible que encuentres información sobre tradiciones establecidas o incluso religiones que incorporan la práctica en su sistema de creencias. La religión basada en la brujería más popular es la *wicca*, y hablo de ella un poco más adelante, en el apartado «Espiritualidad y brujería». Sin embargo, en sí misma, la práctica de la brujería verde no es una religión. Es un camino abierto a personas de todas las religiones y culturas. La puedes compatibilizar con cualquier religión de tu elección, o puede constituir toda tu práctica espiritual.

Si aún no estás segura de si la brujería verde es para ti porque tu aspecto no se corresponde con la imagen de la bruja típica que tienes en la cabeza, no hagas caso de esta imagen, porque la verdad es que *cualquiera puede ser una bruja*. Sé que la palabra *bruja* contiene mucha carga y es posible que incluso te asuste, así que disipemos algunos de los mitos y conceptos erróneos sobre las brujas verdes.

«No puedo ser una bruja verde porque...»

- «**Me gusta vivir en la ciudad, trabajar en un edificio de oficinas, maquillarme y llevar tacones altos o traje**». El ámbito de la brujería ha cambiado mucho desde los tiempos de Hansel y Gretel, en que las brujas habitaban en bosques profundos y oscuros. Actualmente, personas de todos los ámbitos de la vida, de todos los orígenes y con todo tipo de intereses se han implicado con la brujería y la magia, porque estas conforman un camino espiritual que les permite establecer las reglas de su propia vida.

- «**Creo en la ciencia y la medicina occidental**». Creer en el poder de la naturaleza y creer en el poder de la humanidad no son dos opciones mutuamente excluyentes. Puedes protegerte tanto con vacunas como con una ramita de ruda colgada sobre la puerta de tu casa.

- «**No se me dan nada bien las plantas. Se me mueren todas**». Este es un argumento muy habitual. Hay muchas maneras diferentes de trabajar con las plantas, y cultivarlas tú misma es solo una de las posibilidades. Todos tenemos habilidades distintas. Puede que se te mueran todas las plantas que traes a casa, pero quizá realices dibujos hermosísimos de las plantas vivas que encuentras, o tal vez dirijas una organización que trabaja para combatir el cambio climático.

- «**Soy una cristiana convencida y me enseñaron que la brujería es maligna**». La brujería y la magia no son malignas, y la gran mayoría de las brujas modernas que conoces no son satánicas, ni siquiera anticristianas. Tal vez te sorprenda saber que hay brujas cristianas, como las hay judías, musulmanas y ateas. Si tu religión enriquece tu vida y te proporciona consuelo y una forma mejor de comprender el mundo, no hay ninguna razón para que la abandones, ni debes pensar que la brujería está en contradicción con ella.

✐ **«Solo las mujeres pueden ser brujas».** Este es, sin lugar a dudas, el concepto erróneo que más detesto sobre las brujas. ¡También están los brujos! No hay ningún conjunto de reglas que determine quién puede ser una bruja o un brujo,* ni qué aspecto debe tener, cómo tiene que vestirse o cómo debe amar.

Dado que la brujería verde no es una religión o tradición en sí misma, no hay ningún proceso de iniciación ni ningún organismo rector que puedan situarte en este camino. Lo cual no significa que no haya nadie de quien puedas aprender. Es tan importante comprender los usos cotidianos, la composición química y los ciclos de crecimiento de las plantas y los minerales como lo es entender sus usos mágicos y sus energías. Puedes inscribirte en cursos que enseñan herbología, botánica, geología, medicina tradicional china y agricultura en muchas facultades y universidades de todo el mundo, o puedes aprender de los cuidadores de un huerto comunitario local o de un grupo de recolectores de plantas silvestres. A

---

* A pesar de esta apertura en cuanto al género, la autora emplea en todo momento el término *witch*, que tradicionalmente hace referencia a las brujas y se ha aplicado menos a los brujos, excepto dentro del ámbito de la brujería, en que se considera que el término engloba a los practicantes de ambos sexos. En consideración con el uso más extendido de la palabra *witch* en referencia a una persona del sexo femenino, se traduce como 'bruja' a lo largo de esta obra, aunque, como especifica aquí la autora, la distinción por género no es pertinente. En coherencia con esto, se utiliza el femenino en el transcurso del libro, pero todo lector masculino debe sentirse igualmente incluido. (N. del T.)

partir de la página 203 encontrarás una lista de recursos que pueden ayudarte a descubrir los secretos mágicos y mundanos de la magia natural.

Espiritualidad y brujería

La religión occidental más popular que incluye la práctica de la brujería es la *wicca*, una religión moderna creada en la década de 1940 en Inglaterra por un hombre llamado Gerald Gardner, y que se dio a conocer al público en general en la década de 1950. Muchos de los conceptos y estructuras de las prácticas de las brujas modernas provienen de Gardner y su primer aquelarre.

La *wicca* es una religión para personas de mentalidad abierta que defiende puntos de vista positivos sobre la sexualidad y los derechos de la mujer, y está centrada principalmente en la comunión con la tierra y el servicio a esta. En lugar de adorar a un dios, los seguidores de esta religión suelen adorar a un dios y a una diosa, o incluso a muchos dioses y diosas. Desde los inicios de la *wicca*, la cantidad de personas que la están practicando o que están encontrando su camino espiritual a través de la brujería ha crecido exponencialmente. En la actualidad, la brujería es el movimiento espiritual que se está extendiendo con mayor rapidez en América del Norte.

La espiritualidad, como la brujería, es un componente fundamental de muchas religiones, pero no es una religión en sí misma. Es más bien una forma de pensar. Los individuos espirituales tienden a creer que nosotros, como seres humanos, no lo sabemos todo y que una de las razones por las que estamos aquí es buscar las respuestas a ciertas preguntas, incluidas aquellas que parecen imposibles de responder. La religión es una de las formas en que muchas personas dan salida a sus inquietudes espirituales, pero no es la única.

Encontrar el propio camino

La espiritualidad se puede recorrer a través de múltiples senderos. Quienes optan por la brujería verde suelen sentir una fuerte conexión con el mundo natural. Es posible que se sientan más en paz en un bosque o junto a un cuerpo hídrico, tal vez disfruten cuidando un jardín o quizá se consideren amantes de los animales o ambientalistas. Estas personas entienden que están profundamente conectadas a la tierra sobre la que caminan y que todo lo que ven también lo está.

El camino de la brujería verde puede atraer de un millón de formas diferentes a los individuos que tienen inclinaciones espirituales, si están a la escucha y atentos a recibir la invitación. Esta invitación puede ser una caída de hojas mientras están meditando, la aparición de alguna hierba medicinal sorprendente en su jardín, el susurro de sonidos mágicos del viento al pasar entre las hojas... El mundo natural nos habla de maneras que son a la vez sutiles y contundentes.

Si sientes curiosidad por la brujería verde o te estás iniciando en ella, tienes abundantes recursos a tu disposición. En Internet hay muchísima información, y tal vez encuentres libros como este en una biblioteca o librería de tu localidad. Y hay tiendas esotéricas que ofrecen clases y espacios de encuentro para quienes se hallan en un mismo camino espiritual. Para aquellos que prefieren aprender por su cuenta, el mundo natural dispone de todas las herramientas y materiales necesarios para impartir sanación y generar magia a partir de las propias investigaciones y la propia intuición. Una vez que te hayas decidido a seguir el camino de la bruja verde, una lujosa alfombra de este color se desplegará ante tus pies.

La brujería verde a lo largo de las épocas

Bruja es una palabra que contiene una gran carga. A lo largo de los siglos, las personas que se referían a sí mismas como brujas o brujos, e incluso algunas que no lo hacían, fueron juzgadas y ejecutadas como blasfemas y herejes. No es de extrañar que muchas optaran por otros nombres, como *comadrona*, *mujer* u *hombre sabia(o)*, *curandera(o)*, *herborista*, *chamana* o *chamán*, *boticaria(o)* o *mujer* u *hombre medicina*. En algunos lugares y épocas, ni siquiera había una palabra equivalente a *bruja* o *brujo*, porque lo que actualmente llamamos *magia popular* no era más que una práctica doméstica habitual. Quienes vivían con la «brujería» incorporada a su vida eran los antepasados espirituales e históricos de la bruja verde moderna. Aunque este tipo de prácticas eran muy distintas según los lugares, todas esas curanderas y curanderos estudiaban las plantas y los alimentos locales y sus efectos en el cuerpo, la mente y el alma, y a menudo se les podía pedir consejo espiritual. Al aprender sobre estos antepasados, las brujas verdes se hacen una idea del lugar que ocupan en un linaje ancestral que ha aprovechado el poder de la tierra para sanar el cuerpo, la mente y el alma. Hoy en día, las vías más similares a la brujería verde son la brujería de cocina y la brujería de cerco (ver glosario). Las tres tienen en común la conexión con la tierra y el hecho de que se enfocan en usar elementos del mundo natural para promover la sanación. Mientras que las brujas verdes son las más conectadas con las plantas, las brujas de cocina incorporan a su práctica cualquier elemento disponible en el hogar y las brujas de cerco pueden incorporar los viajes oníricos y astrales en su arsenal de herramientas.

Aunque la brujería y la ciencia pueden parecer opuestas, muchas personas que están en el camino verde han descubierto que la tecnología constituye, para ellas, un recurso excelente para ponerse en contacto con el mundo natural. Puedes utilizar herramientas tecnológicas para llevar un diario de tu trabajo con las plantas, identificar la flora y la fauna salvajes, y acceder con un simple clic a una información que te habría llevado años recopilar. Y la tecnología ecológica, como la que produce energía solar y eólica, puede conectarte con la energía de la tierra mientras trabajas para proteger el medioambiente. Esto, para mí, es magia.

Actos de magia

La magia es el arte de generar el cambio en uno mismo y en la propia vida a través de actos de intención y a través de la conexión espiritual con todos los elementos naturales y sobrenaturales. Esta magia no es ilusionismo. Su objetivo no es engañar a nadie, sino proporcionar otra forma de ver el mundo.

La magia consiste en aprovechar la energía natural que está a nuestro alrededor y en nuestro interior. Con este tipo de energía, la magia no proporciona electricidad a nuestros hogares, sino que potencia nuestros sueños y aspiraciones. Es la energía de la imaginación, la inspiración y la intuición. Esta energía no pasa por cables ni por los filamentos de las bombillas, sino que la hacemos pasar por nuestras manos, nuestra mente y nuestro corazón cuando lanzamos hechizos.

Si prestaste atención en la clase de ciencias, sabes que todo lo que existe está hecho de energía, y que esta nunca se puede crear o destruir; solo se puede reciclar. Cuando hacemos magia, estamos redirigiendo la energía disponible para un propósito específico; la estamos reciclando, de alguna forma. A veces, los hechizos no funcionan porque la energía necesaria no estaba disponible. Este es el sentido de los sacrificios: al ofrecer algo, estamos haciendo que su energía pase a estar disponible, y cuanta más energía invertimos, más recuperamos. Dado que nuestros pensamientos, palabras, sentimientos y actos son energía, un sacrificio que podemos ofrecer es una canción o un baile. Y como la materia está hecha de energía, alguna comida que hayas preparado, ciertas hierbas que hayas recolectado o cultivado, o incluso una barra de incienso que hayas encendido, pueden constituir sacrificios. Aunque estos actos puedan parecer triviales, la intención puede convertirlos en herramientas de la práctica mágica.

Encontrar la armonía a través de la brujería verde

Si estás leyendo este libro, es probable que ya sientas una fuerte conexión con la naturaleza. La práctica de la brujería verde consiste en crear una relación armoniosa con la tierra y, por tanto, con todas las criaturas con las que compartimos este planeta. Todos los seres humanos mantenemos algún tipo de relación con la tierra, porque la necesitamos para sobrevivir, pero en una relación saludable y armoniosa, ambas partes dan y reciben por igual; es decir, las dos prestan apoyo y, por consiguiente, lo reciben: no solo están muy cerca, sino que cada una constituye una parte fundamental de la vida de la otra. Cuando vivimos en armonía con la tierra, por un lado esta nos apoya, nos ayuda y nos necesita, y por otro, nosotros, los humanos, la necesitamos, ayudamos y apoyamos.

Esta relación con la tierra hace que ir por el camino verde sea una experiencia inigualable, puesto que las personas que lo recorremos estamos siempre conectadas a la energía del mundo natural. No es necesario vivir en una cabaña en medio de un bosque denso para cultivar esta relación. Cuando aprendemos a vivir en armonía con la tierra, cada espacio se convierte en un lugar sagrado. Tanto si vives en un apartamento con un pequeño balcón en una jungla de asfalto como si vives en una gran reserva natural, la tierra está ahí para ti. En un mundo en el que a veces es difícil obtener el equilibrio, encontrar la armonía con la tierra ofrece una base para la sanación y la magia.

Criterios y valores

Dado que hay más de una tradición de brujería verde y no es una religión que marque unas reglas, no existen unas pautas éticas para esta práctica. De todos modos, como las brujas verdes están muy conectadas con la tierra y sus ciclos y habitantes, es habitual que estén en sintonía con valores como la sostenibilidad, el consumo ético de alimentos, los derechos de los animales y el ambientalismo. Algunas brujas verdes centran sus esfuerzos mágicos en sanar el planeta y revertir el calentamiento global, mientras que otras no hacen otra cosa que reciclar o ser voluntarias en distintas causas ecológicas. He conocido a muchas brujas verdes que siguen una dieta vegetariana o vegana como parte de su práctica espiritual y a otras que rezan oraciones de gratitud al espíritu de los animales que consumen. Una vez que sepas cómo se comunica contigo la tierra, te dirá lo que necesita.

Sanación para uno mismo y los demás

En la brujería verde, la sanación es un principio fundamental y un tipo de magia. El trabajo con los aliados naturales, como las plantas y los minerales, siempre ha tenido que ver con sanar para facilitar el crecimiento, como se ha expuesto antes, pero la cuestión es más profunda. Existe una diferencia entre curar una enfermedad y tratarla. La medicina occidental está muy enfocada en tratar los síntomas de las enfermedades. Esto es muy importante, pero no es lo mismo que curarlas. Supongamos que padeces insomnio y vas al médico. Puede ser que salgas de la consulta con la receta de un somnífero o, si has visitado a un médico holístico, tal vez con una caja de sobres de manzanilla con raíz de valeriana para que te hagas infusiones que te ayuden a conciliar el sueño. Estas medidas resuelven el problema del exceso de cansancio que te impide desenvolverte bien por la vida, pero no abordan la causa. Así como puedes decidir visitar a un terapeuta si percibes que tu insomnio puede tener que ver con el estrés, la brujería verde tiene como objetivo abordar el problema subyacente, no el síntoma solamente. Algunas soluciones pueden ser dormir con un trozo de citrino, colgar un atrapasueños en tu ventana si tienes muchas pesadillas o quemar salvia y lavanda en tu dormitorio para erradicar cualquier energía perturbadora.

La brujería verde te brinda las herramientas que necesitas para poder diseñar un plan de sanación más holístico, que puedes aplicar a enfermedades, relaciones personales, tu hogar, tu carrera profesional e incluso al conjunto del planeta, si lo consideras oportuno. Compartir estas herramientas o tus habilidades con otras personas también es un tipo de sanación, para ti y para ellas. Estar al servicio de otros habitantes del planeta de esta manera transforma muchas de las partes de ti que te parece que están mal en un poder que puedes usar para generar un cambio verdadero.

La comunión con el mundo natural

No hay mejor maestro para estudiar la brujería verde que el mundo natural, con toda su sabiduría ancestral. Mucho antes del siglo de las luces, que fue la época en que el método científico comenzó a tomar forma, los humanos leían la tierra y las estrellas como si fuesen un manual de instrucciones. Observaban el cielo en busca de mensajes importantes que les permitiesen orientarse en muchos asuntos: cuándo cultivar, pescar o cazar; cuándo no salir de casa; en qué dirección viajar; qué tipo de acciones podían llevar a cabo para mejorar la vida de sus seres queridos, etc. Las brujas consideran que el hecho de que los humanos dejasen de recibir esos mensajes no significa que dejasen de enviarse. A continuación expongo algunas de las formas en que la tierra se comunica con las personas y explico cómo podemos aprender a escucharla.

Los elementos: no me refiero a los compuestos químicos de la tabla periódica, pero, al igual que ellos, también conforman el universo. Dentro del marco conceptual occidental, los elementos son la tierra, el aire, el fuego, el agua y el espíritu (o éter). Muchas brujas sienten que es importante traer la energía de todos los elementos al realizar actos de magia, o concentrarse en uno que pueda aportar el tipo de energía adecuado. Por ejemplo, la energía del agua es muy emocional, por lo que es perfecta en los rituales que tienen que ver con el amor y las relaciones. Se puede incorporar al procedimiento mágico como agua bendita o plantas acuáticas, o a través de un baño mágico.

El sol, la luna y las estrellas: tan natural como cualquier cosa que ocurra en la naturaleza aquí en el planeta es el hecho de que el cosmos está hablando constantemente a quienes están preparados para escucharlo, y tiene muchas formas de hacerlo. No ocurre solamente que todo nuestro concepto del tiempo está basado en los movimientos y hábitos de los cuerpos celestes, sino que, además, el estudio de la astrología nos puede proporcionar un conocimiento más profundo sobre el comportamiento y la historia del ser humano. Las fases de la luna nos ponen en contacto con los cambios emocionales y las estaciones, e incluso nos permiten ampliar la comprensión que tenemos de la humanidad. El hecho de prestar atención al movimiento del sol en tu zona te puede enseñar todo: a navegar, los ciclos de crecimiento de las plantas y animales, etc.

El tiempo atmosférico: realmente detesto que hablar sobre el tiempo que hace se considere un tipo de conversación intrascendente, porque yo podría hablar de eso todo el día. El tiempo atmosférico puede decirnos mucho sobre un lugar o una estación, e incluso puede indicar cuándo algo está muy mal. En las historias, el tiempo suele reflejar los sentimientos de los personajes o los sucesos que tienen lugar dentro de la trama; pero en la vida real, a menudo ocurre al revés: puede mostrarnos nuestras posibilidades y limitaciones, y determinar cuándo emprendemos ciertas tareas y cómo lo hacemos.

Las plantas y las flores: las plantas y las flores nos envían mensajes permanentemente con su olor, su forma, su color, sus ciclos de crecimiento, su sabor e incluso por medio de los animales que atraen o repelen. Las plantas pueden salvar vidas y pueden arrebatarlas con la misma rapidez. Pueden bendecirnos con la abundancia o maldecirnos con la pobreza y el hambre. También pueden ser amigas y sistemas de apoyo, fuentes de inspiración y un lenguaje que usamos para comunicarnos con los demás.

Los animales: tener una relación cercana, emocional y respetuosa con los animales es muy importante en mi práctica personal, y sé que mi caso no es único. Los animales de un lugar no solo pueden impartirnos enseñanzas sobre los ciclos de la naturaleza, sino que también pueden instruirnos sobre lo sobrenatural, la magia y todo lo que no se ve. Los animales son instintivos y muy psíquicos, y pueden sentir los cambios energéticos, los momentos repentinos de peligro e incluso los espíritus y seres sobrenaturales. El trabajo con un animal familiar (no solo con gatos) siempre ha sido muy relevante en el contexto de la brujería.

Los alimentos: nuestra relación con los alimentos puede tener mucho que ver con nuestra relación con los animales y las plantas, o tal vez no. En cualquier caso, la relación que tenemos con los alimentos es muy significativa, personal y, a menudo, cultural. Muchas brujas aplican comportamientos conscientes e intuitivos a sus elecciones y necesidades alimentarias, y se sirven de la comida para mantenerse conectadas con su cuerpo. En el caso de muchas personas, los alimentos también pueden proporcionarles una conexión fuerte con su entorno local o su herencia ancestral.

Los minerales y los cristales: los minerales y los cristales presentes en un lugar de forma natural pueden ser muy distintos de los que hay en otro lugar, y, como son muy antiguos, nos conectan a través del tiempo y el espacio. Ninguna de las tecnologías inteligentes que nos conectan a todos sería posible sin el cuarzo. Por esta razón, a los minerales y los cristales a menudo se los llama *ancianos* o *guardianes de los registros*.

La tierra: puede parecer obvio, pero si deseas comunicarte con la tierra, prueba a decirle «hola». A veces esto es tan simple como sentarse fuera, abrir el corazón y la mente y esperar una respuesta.

Brujería cosmopolita

No te extrañes si tu práctica cambia si te mudas o viajas a una nueva ubicación, aunque sea dentro de tu propio país o región. Mi ciudad está situada a lo largo del camino del ferrocarril subterráneo,* por lo que abundan en ella los practicantes de *hoodoo* (ver glosario), pero a dos horas de distancia está London (Ontario), ciudad que es conocida por sus bosques; allí, hay bastantes practicantes druidas que adoran a los árboles. La magia de Salem (Massachusetts) está inspirada en las prácticas inglesas de la época colonial debido a los infames juicios a brujas que tuvieron lugar ahí en 1692. En Luisiana, los esclavos y las personas de color libres combinaron sus prácticas religiosas africanas tradicionales con los santos y rituales cristianos para evitar ser perseguidos, y esto se convirtió en el vudú de Nueva Orleans. En el estado de Nueva York se encuentra la aldea Lily Dale, el lugar de nacimiento del espiritismo, que está completamente habitada por psíquicos y médiums. Las prácticas mágicas están influenciadas por la cultura, el clima, las plantas, el ambiente e incluso las leyes del lugar. Permanece siempre abierta a conocer tu entorno natural y los tipos de energía mágica que es posible encontrar ahí.

---

* En inglés, *Underground Railroad*. La autora se refiere a la red clandestina organizada en el siglo XIX para ayudar a los esclavos afroamericanos a huir de las plantaciones del sur de Estados Unidos hacia estados libres o hacia Canadá. No se trataba de un ferrocarril, pero los activistas utilizaban términos en clave ferroviarios para referirse a sus actividades. (N. de la E.)

Héroes y heroínas verdes

Aunque no es necesario adorar a ningún dios o diosa para practicar la brujería verde, personificar lo desconocido es algo que siempre ha traído consuelo y comprensión a los humanos. Muchos dioses antiguos ayudaron a explicar los fenómenos naturales: el sol salía a causa del dios del sol, la tierra fue creada por la diosa de los volcanes, e incluso la tierra misma era una diosa de la vida y la abundancia. Estas historias aún pueden servirnos como inspiración y como recordatorio de que hubo un tiempo en que la magia formaba parte de la vida.

La madre naturaleza es justamente esto: la personificación de la tierra y las fuerzas naturales. Estoy segura de que la has maldecido una o dos veces, en voz baja, durante una tormenta repentina. Y hay diosas asociadas con la luna en casi todas las culturas y religiones antiguas del mundo. La luna ejerce tanta atracción aquí en la Tierra (literalmente) que es difícil ignorarla. Las hadas también representan la energía elemental y están estrechamente vinculadas a la naturaleza; en algunas leyendas, son espíritus de la naturaleza o semidiosas. Muchas brujas construyen casas de hadas en su jardín para atraer y apaciguar a estos espíritus de la naturaleza, y algunas les dejan ofrendas con la esperanza de que ayuden a las plantas a florecer.

Capítulo 2

¡Domina los poderes de la bruja verde!

Ahora que sabes cuál es la magia
y cuáles son las motivaciones que
hay detrás de la brujería verde, es el
momento de que reúnas las herramientas
pertinentes y prepares un espacio
adecuado para la práctica de la magia.

La bruja curiosa

Pensar que lo sabes todo es probablemente una de las peores maldiciones que puedes lanzarte a ti misma. La curiosidad es uno de los mayores dones que existen, y es vital para la práctica de la brujería verde. Siempre hay algo que aprender, e incluso cosas que aún no se han descubierto. En el momento en que creas que lo sabes todo, perderás la oportunidad de descubrirlas. Una buena bruja verde siempre está abierta a obtener nueva información, siempre está dispuesta a dedicar tiempo y energía a su oficio, y es lo suficientemente humilde como para confiar en personas más experimentadas. Con el tiempo, ganarás sabiduría, pero nunca lo sabrás todo. Confía en tus propias experiencias con la naturaleza y en las experiencias de quienes tienen algo que enseñarte; de esta manera, tu práctica seguirá desarrollándose. ¿Quieres más razones? Algunas plantas y minerales son tóxicos, algunos entornos son peligrosos y el orgullo puede costarte la vida. Estar dispuesta a reducir la velocidad y aprender, en lugar de apresurarte y lucirte, te resultará mucho más satisfactorio a largo plazo.

Encontrar tu centro

La energía de la tierra es la energía de la vida misma. Es por esto por lo que la brujería verde es una práctica espiritual centrada en actividades y herramientas disponibles en la vida diaria. Este tipo de brujería toma inspiración y energía del mundo que nos rodea, para crearnos una vida feliz y armoniosa. No hay límites en cuanto a lo que se puede generar y lograr con la magia, pero es mejor comenzar con lo básico. Las siguientes son siete de las muchas ramas del árbol de la vida, ámbitos que pueden ser potenciados, y en los que se pueden inducir transformaciones, por medio de la magia:

🖋 **Abundancia:** esta rama incluye nuestros trabajos y objetivos profesionales, nuestra relación con el dinero y nuestra capacidad de acumular las cosas que queremos y necesitamos para ser felices; también nuestras expresiones de gratitud y lo que compartimos con los demás.

🖋 **Felicidad:** esta rama corresponde a las cosas que nos hacen felices, por supuesto, pero también hace referencia a las formas de encontrar la felicidad. A veces, la magia que nos hace más felices consiste en soltar y seguir adelante.

🖋 **Armonía:** esta rama es grande, pero convive perfectamente con todas las demás. Corresponde al florecimiento y desarrollo de nuestras relaciones, la satisfacción de nuestras necesidades y las formas en que encajamos en el mundo.

🖋 **Salud:** esta rama corresponde al cuidado que nos dedicamos a nosotras mismas y el que prestamos a los demás; también es el ámbito de nuestra energía, sustento y belleza. Con la magia podemos sanarnos y sanar a los demás, en cuerpo y alma.

🖋 **Amor:** esta rama está repleta de flores y frutos que atraen a todas las criaturas del planeta. Es el ámbito en el que nutrimos las relaciones que tenemos con los demás y con nosotras mismas.

🖋 **Protección:** esta es la rama que tiene que ver con nuestro hogar, nuestra aura, nuestra seguridad y nuestra fuerza.

También tiene que ver con la conquista de nuestros miedos y con la salvaguarda de las cosas que hemos construido y las personas que amamos.

- **Sabiduría:** esta es la rama del conocimiento y la iluminación. La vida es una experiencia de aprendizaje, y la magia puede ayudarnos a abrirnos a la sabiduría de la tierra y a cultivar una profunda sensación de paz interior.

A medida que avances por el camino verde, es posible que te encuentres con que tu árbol tiene más ramas, o quizá menos. Es posible que descubras que se te dan especialmente bien algunos tipos de magia, y esas ramas se harán más robustas que las demás. No te limites nunca. Hay muchos tipos de magia distintos y muchas formas de practicarla, pero si empiezas por los siete ámbitos expuestos, tu vida mejorará en poco tiempo.

Herramientas útiles para la práctica verde

Al crear tu kit de herramientas de bruja verde, es importante que recuerdes que este es un camino práctico que tú misma debes diseñar. No existe una lista oficial de elementos que deban estar presentes en tu altar o espacio de trabajo, y no hay hierbas ni cristales imprescindibles. Los tipos de herramientas que vas a necesitar dependerán de la forma en que pretendas practicar; las siguientes son las que uso todos los días para conectar con la tierra y estudiarla:

- **Hierbas y hojas:** las hierbas son plantas pequeñas, con muchas hojas y con semillas, desprovistas de un tallo leñoso. Mueren una vez que ha pasado la temporada de crecimiento. Se utilizan principalmente en la cocina, como remedios y para elaborar perfumes, porque suelen ser sabrosas y tienen un olor fuerte y agradable. Algunas de las más habituales son la albahaca, el romero y la hierba limón.

- **Plantas y flores:** también puedes optar por trabajar con árboles, plantas de interior, plantas que produzcan frutas y hortalizas, y flores. Hay una flor para cada rama de la magia, según si pretendes atraer el amor (rosa), hacerte rica (madreselva) o abrir tu tercer ojo al mundo psíquico (datura).

- **Piedras y cristales:** en el mundo de la magia mineral, los cristales son los reyes, y es fácil entender por qué. Los cristales son minerales naturales, como las rocas, pero son coloridos y brillantes, y sus patrones imitan las fuerzas de la naturaleza. Las piedras, por otro lado, son los minerales prístinos, en su forma original. Ambos tipos de minerales pueden usarse en el ámbito de la magia para conectarnos con la tierra (aragonito), dirigir energía con propósitos específicos (cuarzo) o absorber energía de nosotras mismas o del espacio que tenemos alrededor (obsidiana) y llevarlos con nosotras, sobre el cuerpo, con propósitos sanadores (amatista).

- **Un cuaderno de notas o un diario:** lanzar hechizos te parecerá una especie de experimento científico, sobre todo al principio. Querrás tomar nota de las herramientas y el método que utilizaste, las condiciones ambientales y cósmicas que había el día en que lanzaste el hechizo, cómo te sentiste en ese momento y, finalmente, los resultados que obtuviste. Puedes tomar notas en un dispositivo electrónico o manualmente, o utilizar ambos métodos. Haz también dibujos y bocetos, escribe entradas de diario e incluye información de referencia sobre las plantas y minerales que más utilizas. ¡Este es tu grimorio verde!

- **Un pequeño plato o cuenco ignífugo, cerillas y discos de carbón vegetal:** el incienso se vende bajo muchas formas, tales como palos o conos, o como mezclas sueltas de hierbas y resinas que se queman sobre un disco de carbón vegetal. Puedes encontrar pequeños cuencos ignífugos hechos de hierro colado, cerámica, latón y cobre con la forma del caldero clásico. Elige uno que realmente te guste. Los discos de carbón vegetal se pueden comprar en paquetes de diez, y es mejor encenderlos con una cerilla de madera. Me gusta poner un poco de arena en el fondo del cuenco para que acoja el disco de carbón y absorba el calor.

- **Un mortero y una mano de mortero:** el mortero y la mano de mortero se utilizan para moler hierbas y resinas con el fin de hacer polvos, mezclas de incienso o remedios. Te recomiendo que tengas un juego hecho de un material pesado, como granito, para las hierbas, y otro hecho de un material más suave para las resinas o minerales. Las resinas no se quedan adheridas a las superficies metálicas, por lo que es más fácil mantener el mortero limpio si es de este material.

- **Cuchillos y tijeras:** la mayoría de las brujas guardan cuchillos y tijeras separados de los demás para utilizarlos exclusivamente con las plantas mágicas y con otros propósitos relacionados con su práctica, pero no es imprescindible hacerlo. Las brujas de cocina que trabajan con hierbas culinarias y comida mágica tienen unas tijeras solamente. Asegúrate de mantener afilados y limpios estos instrumentos, y de que la hoja sea siempre la apropiada para el trabajo que estás realizando.

- **Tarros y boles de vidrio:** las brujas ya estaban obsesionadas con los tarros de vidrio antes de que se pusieran de moda. Utilízalos para almacenar tus plantas y hierbas, así como algunas de tus creaciones, como mezclas de incienso o sales de baño. Los boles úsalos, por supuesto, para efectuar mezclas. El vidrio no absorberá el olor de tus plantas y hierbas ni las afectará, y los boles de este material se pueden limpiar y reutilizar.

- **Algodón natural:** puede ser en forma de tiras de tela, bolsitas, hilo o la guata mullida que se usa en las almohadas. Es transpirable, lo que permite que la energía fluya libremente.

- **Velas:** como principal exponente del elemento fuego, las velas son muy populares en la brujería. Se pueden tallar o cubrir con aceites y hierbas, y se pueden quemar con fines específicos según el color de la cera.

- **Aceites esenciales y portadores:** los aceites esenciales, extremadamente concentrados, están hechos con un solo tipo de planta o flor que tiene propiedades medicinales o mágicas, y su olor denota que son una sustancia muy auténtica. Es peligroso emplearlos directamente, por lo que se mezclan con lo que se llama un aceite portador, que es seguro para la piel y tiene cierto aroma propio; son ejemplos de aceites portadores el de oliva, el de jojoba y el de aguacate.

- **Cuerdas o cordeles:** se pueden usar para atar manojos de hierbas destinados a ser colgados o quemados, y también se pueden usar en hechizos de nudos con el fin de atraer, alejar y proteger. El cáñamo es un material magnífico para hacer cuerdas o cordeles, porque esta planta sirve para intensificar cualquier acto de magia, como descubrirás en el capítulo cinco.

- **Una escoba:** las brujas utilizan escobas, en efecto. Desafortunadamente, ninguna ha descubierto todavía un hechizo que sirva para volar en ellas, pero lo lograremos. La escoba se utiliza para efectuar limpiezas físicas y mágicas, y sirve como amuleto de protección del hogar cuando se mantiene junto a la puerta principal.

- **Herramientas de adivinación:** la adivinación es lo que antes se llamaba *leer la fortuna*, a partir de mensajes procedentes de espíritus, dioses o el mundo invisible. Las cartas del tarot y oraculares, los péndulos y las bolas de cristal son herramientas de adivinación. También puedes obtener otras más vinculadas a la tierra, como runas de cristal o las varas celtas *ogham*, que están talladas en madera sagrada.

- **Las manos:** tus manos tienen un poder extraordinario. Tienen la capacidad de crear y destruir y de dar y recibir. Usarás tus manos para recibir energía de ciertas herramientas naturales, como los cristales, y enviarla imbuida de tu intención. Meterás tus manos en la tierra y las usarás para recoger flores y espinas, también para mover la energía, por lo que es importante que las mantengas limpias y saludables. El bálsamo curativo a base de hierbas del capítulo seis es ideal para las manos desgastadas por los trabajos de jardinería u horticultura y contiene la energía de siete hierbas y plantas mágicas.

El árbol del mundo

Desde que los seres humanos empezaron a compartir historias de carácter espiritual, han estado concediendo un papel protagonista a los árboles. Casi todas las culturas tienen un árbol del mundo, o árbol sagrado, que une toda la vida que hay en la tierra con la de los cielos y las criaturas del inframundo. El árbol del mundo nos recuerda que la magia nunca está lejos, y que cuando la necesitamos, solo tenemos que estirarnos hacia las estrellas y enraizarnos en la tierra, como si fuésemos un gran árbol. En el jardín del edén de la Biblia y el jardín de las hespérides de la mitología griega, el manzano era sagrado, y otorgaba conocimiento y sabiduría a cualquiera que comiese sus frutas. En la mitología nórdica, el árbol del mundo era un fresno gigantesco llamado Yggdrasil, y Odín estuvo colgado de una de sus enormes ramas como un ahorcado en un acto sacrificial. Los druidas de las islas británicas consideran que el roble es un árbol sagrado, y se sirven del refugio que les proporcionan los grandes robledales para celebrar sus reuniones mágicas. En la India, Buda alcanzó la iluminación mientras estaba sentado bajo una higuera sagrada conocida como Sri Maha Bodhi. Aunque el árbol Bodhi ha muerto o ha sido derribado por tormentas, siempre crece uno nuevo en su lugar. Conocerás todos estos árboles mágicos en el capítulo siete, titulado «La sabiduría de la madera».

La creación de un espacio verde

Tu hogar es tu santuario, y si practicas la brujería verde, lo será por partida doble. Tu hogar puede ser un lugar de poder y una fuente de energía mágica, y puede ayudarte en tu camino. Ahora que tienes todas las herramientas físicas necesarias, es hora de que generes la energía adecuada en el hogar.

El hecho de limpiar y crear un espacio dedicado a tu práctica pone de manifiesto que estás trabajando para crear un espacio para la espiritualidad en tu vida. No tiene que ser una habitación entera o todo un invernadero, aunque puede serlo. Coloca tus herramientas y cualquier planta o cristal mágicos que tengas. Asegúrate de tener un espacio de trabajo fijo y un poco de material almacenado. Una vez que tengas listo este lugar, será el momento de pasar al resto de la casa. Te conviene emprender sin cargas el camino de la bruja verde, contando con un espacio relajante y tranquilo en el que puedas acoger lo nuevo.

Elementos que deben estar presentes en el hogar

El espacio de trabajo que has creado también hará las veces de altar o espacio sagrado; es un lugar a través del cual canalizar energía, honrar a los héroes y espíritus, y conectar con los elementos. Mi altar es tanto un espacio de trabajo como una fuente de inspiración. Esto es especialmente importante para las brujas de ciudad como yo, que podemos tener dificultades para estar siempre en contacto con todos los elementos en el día a día, pero todas pueden beneficiarse de tener este oasis

LA LIMPIEZA ENERGÉTICA

La limpieza de los residuos energéticos, o de la energía viciada que ha permanecido estancada, puede incluir que te deshagas de los sentimientos persistentes relacionados con una ruptura, o incluso de la energía espiritual que estaba en la vivienda antes de que te mudases a ella. Puedes limpiar energías utilizando el humo, el sonido, el movimiento, las aguas mágicas y la ayuda de minerales y cristales. La idea es que llenes el espacio de energía positiva para que no haya sitio para la negatividad.

Las ondas sonoras rebotan de una superficie a otra, y al hacerlo sacan la energía vieja y estancada de sus escondites. La música también es buena para el alma. Puedes usar una campana o un cuenco tibetano, o incluso poner tus canciones favoritas, las que siempre te hacen sonreír.

El humo es la forma más popular de limpiar los espacios, tanto los del hogar como los constituidos por los campos energéticos personales. Las hierbas para limpiar, proteger y bendecir se queman sobre discos de carbón vegetal o en manojos; la salvia es la más popular. En el capítulo cinco aprenderás cómo hacer un manojo de hierbas sagradas con el fin de utilizar su humo.

Reúne tus hierbas, un cuenco ignífugo y cerillas (o un encendedor) en tu nuevo espacio de trabajo. Antes de empezar, establece una intención. ¿Qué sensaciones quieres que transmita tu hogar? Mantén esta idea en tu mente. Agita el humo alrededor de los muebles y a lo largo de las paredes. Asegúrate de que el humo se meta debajo de los muebles, en los rincones y armarios, y en cualquier lugar donde puedan acumularse energías viciadas y polvo. Desplázate por toda la vivienda hasta llegar a la puerta de entrada (o a una ventana adecuada, si vives en un bloque de pisos), ábrela y observa cómo el humo se lleva toda la energía sobrante de tu hogar y de tu vida.

brujeril en su hogar. Empieza por reunir elementos o imágenes que, para ti, sean representativos de los elementos. La tierra se puede representar con plantas, cristales, arena, sal y madera. El humo que sale de tu incienso puede simbolizar el aire, o puedes representar este mediante imágenes de pájaros y plumas que hayan caído de forma natural. El agua puede estar presente fácilmente, con un vaso de agua dulce, pero también puedes instalar una pequeña fuente de agua o un acuario. En mi altar, tengo una estrella de mar seca y conchas de los océanos Atlántico y Pacífico para representar el agua. Las velas son mi manera favorita de encarnar el fuego, pero también puedes usar piedras volcánicas o guindillas secas.

En la práctica china del *feng shui*, distintas zonas del hogar están regidas por determinados elementos. Para mantener equilibrada la energía de su vivienda, los practicantes del *feng shui* instalan su espacio sagrado en el centro de la casa. A veces le dan el nombre de *hogar* o *corazón* a este espacio, y se aseguran de que todos los elementos estén representados en él.

Los espacios exteriores sagrados

Si tienes la suerte de tener un patio en el que puedas hacer jardinería y paisajismo, practicar al aire libre puede resultarte muy fácil. Puedes construir un altar u otro tipo de espacio sagrado en el exterior, hacer un jardín de brujas y plantar árboles que tengan una energía sagrada, y tal vez incluso hacer compostaje y utilizar energía procedente de una fuente sostenible para cuidar tu relación con el planeta. Para muchas de nosotras, esto es solo un hermoso sueño, lo cual no significa que no podamos cultivar una conexión activa con la naturaleza. Como hemos visto anteriormente, cuando aprendemos a vivir en armonía con la tierra, cada espacio se convierte en un lugar sagrado.

Las plantas, hierbas y flores más importantes que debes conocer son las que crecen en tu zona. ¿Qué tipo de árboles crecen en el lugar en el que vives? ¿Cuáles son las flores propias del lugar? ¿Podrías encontrarte con plantas y hongos venenosos? La energía de estos seres vegetales está a tu alrededor y tienes el privilegio de poder interactuar con ellos en todas las etapas de su crecimiento y aprender cómo actúan exactamente.

Cuando estés en espacios naturales públicos como parques, senderos y playas, es importante que seas respetuosa con las personas que te rodean y con el medioambiente. Una buena pauta que puedes seguir es «tomar solo fotografías y dejar solo huellas». No se trata de que causes ningún daño en nombre de tus objetivos espirituales. Estos no son lugares en los que hacer rituales que requieran encender velas o quemar incienso, o el uso de muchas herramientas y materiales diferentes. Puedes crear un altar o un lugar sagrado provisional usando una pequeña caja y símbolos elementales, un poco de sal o salvia para purificar, un cristal multifuncional (cuarzo transparente, por ejemplo) y, si quieres, tus cartas de tarot o tus runas. No te compliques la vida; diseña tu ritual en función del espacio y trabaja con la energía del entorno natural.

El jardín (o huerto) de la bruja

Vivas donde vivas y sean cuales sean las plantas propias de tu zona, puedes tener tu jardín o huerto de bruja. Incluso si eres una principiante y dispones de poco espacio, puedes cultivar unas hierbas increíbles para cocinar, elaborar remedios y

LA LUNA LLENA EN LA PLAYA

La luna está estrechamente ligada al elemento agua y las mareas de los océanos. En una noche de luna llena, agarra tu altar portátil, una botella de agua para beber, un frasco de vidrio y una manta, en la que te sentarás junto al mar. Elige un lugar iluminado por la luna, en el que puedas instalarte sin que nadie te moleste. Toma los artículos del altar y la botella de agua y colócalos sobre la manta extendida frente a ti, donde puedan absorber la luz de la luna. Esta es una forma sencilla de limpiar elementos espirituales y cargarlos con la energía mágica de la luna. Mira hacia el agua y respira al ritmo de las olas. Siente cómo la luz de la luna rodea todo tu cuerpo e imagina que la inhalas, de tal manera que entra en tus pulmones, tu vientre y tu corazón. Imagina que esa misma luz impregna las herramientas de tu altar y tu botella de agua. Quédate el tiempo que quieras. Antes de irte, llena tu frasco con agua del lugar, que estará cargada por la luna. Si es agua salada, viértela en el umbral de tu casa para limpiarlo. Si es agua dulce, úsala para regar tus plantas y traspasarles la energía lunar. En cuanto al agua de tu botella cargada por la luna, puedes bebértela o incorporarla a un baño mágico cuando llegues a casa.

hacer magia. Si estás empezando, elige una planta aliada que sea apropiada en función de tu espacio y tu grado de experiencia, o una que corresponda a la rama de la magia con la que quieras trabajar. Tómate el tiempo necesario para conocer las necesidades de tu planta, lo que le gusta y lo que no le gusta, y el lugar perfecto para ella. Dale la energía del amor y el cuidado, y responderá de la misma manera. Cuando arranques cualquier parte de la planta para usarla con propósitos mágicos, tómate un momento para expresarle tu gratitud. Una vez que sepas cómo debes cuidar y utilizar tu planta mágica, siéntete libre de incorporar más a la familia y repetir el proceso.

Si quieres y puedes hacer un jardín o un jardín-huerto de cierta extensión, deberás planificar un poco antes de ponerte manos a la obra. Empieza por elegir el lugar en el que lo instalarás y observa cuánta luz (solar y lunar) y cuánta lluvia recibe ese espacio de forma regular, y qué tipo de animales establecen su hogar en él. Limpia el espacio energéticamente con humo, como hiciste en tu casa, o dispón en círculo seis cristales de cuarzo alrededor de él. Lo realmente emocionante es diseñar el jardín o huerto. Puedes seleccionar plantas que tengan y fomenten, todas ellas, una energía específica, como la abundancia o el amor. Las brujas psíquicas pueden optar por hacer un jardín lunar, lleno de flores y plantas nocturnas que incrementen la intuición y la energía psíquica. Las que tienen el deseo de curar pueden enfocarse en las plantas medicinales. La bruja de cocina puede optar por cultivar frutas, verduras y hierbas culinarias para infundir una intención mágica a todas las comidas que prepara. Asegúrate de que los seres vegetales que elijas puedan convivir en el mismo espacio y crecer en el mismo suelo, y que puedan prosperar bajo las condiciones presentes en el lugar. Si hay animales silvestres, como conejos, que puedan comerse tus plantas, no pasa nada por que pongas una cerca, pero un comportamiento mágico apropiado es que dejes unas cuantas fuera de la cerca para su consumo.

Una magnífica fuente de información en cuanto a lo que puedes plantar en tu zona, y cuándo conviene plantarlo, es un almanaque, que puedes obtener como folleto o en formato digital. Observarás que el calendario refleja las fases lunares y astrológicas; esto se debe a que la atracción gravitacional que ejerce la luna y el signo en el que se encuentra pueden aportar energía a los trabajos de jardinería u horticultura. Por ejemplo, la fase del primer cuarto, justo la que sigue a la luna nueva, es un período favorable para plantar la mayoría de los vegetales que crecen sobre el suelo, como las hierbas. Encontrarás una guía completa para la práctica de la jardinería y la horticultura en función de las fases lunares en el capítulo cinco.

Puedes utilizar las plantas que cultives en tu jardín-huerto en tus hechizos y rituales y para elaborar inciensos, pociones, tés y ungüentos, así como para preparar baños. Tu jardín también hace las veces de espacio liminar, es decir, de puente entre nuestro mundo y el mundo de la magia. Utiliza tu jardín para comunicarte con la tierra, armonizar tu energía y entrar en sintonía con los ciclos terrestres naturales.

Plantas de interior

Aunque se puede considerar que cualquier planta cultivada en una maceta en un espacio interior es una planta de interior, esta denominación designa también un determinado tipo de planta. La mayor parte de las variedades de plantas de interior tienen la capacidad de absorber las partículas contaminantes de su entorno, y purifican así el aire que respiramos. Los estudios también han demostrado que somos más felices cuando hay plantas en los espacios en los que vivimos. Aunque muchas de estas plantas tienen distintas utilidades mágicas, la mayoría de los beneficios que presentan son emocionales y energéticos. Muchas plantas de interior requieren unos recipientes, niveles de humedad, fertilizantes y horas de luz solar por día muy específicos, y ninguna de sus partes se puede utilizar en hechizos y rituales; sin embargo, limpian el aire y constituyen una fuente de energía positiva cada vez mayor.

Las palmas tropicales aportan una energía solar contundente al hogar, disuelven la energía viciada y mantienen la vivienda a salvo de las entidades espirituales desagradables. La violeta africana está asociada con el amor y la magia, y sus vibrantes flores de color púrpura atraen la energía lunar al hogar. Al áloe, una planta suculenta que crece en forma de hojas largas y carnosas, se lo asocia con la luna y el elemento agua porque el gel que hay en el interior de sus hojas es refrescante y curativo. Los racimos de flores en forma de estrella que crecen en los largos zarcillos de la hoya, también llamada planta de cera, producen un néctar verdaderamente embriagador, cuyo aroma llena toda la casa y otorga bendiciones a quienes lo huelen.

YULE

SAMHAIN

IMBOLC

21 de diciembre

2 de febrero

31 de octubre

21 de marzo

MABON

OSTARA

21 de septiembre

1 de mayo

1 de agosto

21 de junio

LUGNASAD

BELTANE

LITHA

Capítulo 3

Cómo conectar con el mundo natural

La conexión con el mundo natural desempeña un papel central en la brujería verde. Este capítulo explica cómo establecer y cultivar esa conexión.

La toma de contacto

La conexión con el mundo natural nos permite acceder a la energía que nos rodea con fines espirituales, pero también nos ayuda a aprovechar la magia que hay en nuestro interior. Los estudios muestran que el hecho de conectar con la naturaleza ayuda a reducir la ansiedad y la depresión agudas, al tiempo que mejora la concentración y la memoria. Compartir espacio con las plantas nos proporciona un aire respirable más limpio y unos niveles de humedad más equilibrados. Esto, en combinación con los efectos psicológicos positivos derivados de estar cerca de las plantas, puede ayudar a facilitar y acelerar los procesos de sanación. La conexión con la naturaleza hace que seamos personas más felices, tranquilas, inteligentes y fuertes.

Una de las razones por las que el hecho de salir a la naturaleza o traer la naturaleza a nuestro espacio es tan beneficioso para nuestra salud psicológica es que nos estimula a practicar la atención plena, es decir, a centrarnos totalmente en el momento presente. En otras palabras: nos detenemos a oler las rosas por el solo placer de hacerlo. Al igual que la meditación, la atención plena puede ayudarnos a sintonizar con las energías invisibles del mundo y con la belleza natural que nos rodea. Es más probable que entremos en este estado de forma espontánea si estamos rodeados de vida natural, pero también podemos practicar la atención plena expresamente, con la ayuda de plantas de interior. Tomemos, por ejemplo, el arte tradicional japonés del bonsái. Quienes lo practican descubren que el hecho de dedicar tiempo a cuidar su árbol en miniatura y utilizar su intuición para comprender el verdadero espíritu de la planta los libera de la ansiedad y les enseña a ser individuos pacientes y creativos.

El mundo y tú

Hablamos mucho sobre la magia y la energía terrestres en este libro, pero nada de eso existiría sin la magia del conjunto del universo. Para festejar la energía de la tierra y sintonizar con ella, debemos tomarnos tiempo para darnos cuenta del pequeño papel que desempeñamos en este GRAN universo. En este apartado se exponen algunas de las formas en que las brujas podemos conectar con unas energías que, a menudo, sentimos que están fuera de nuestro alcance.

Las estaciones, solsticios y equinoccios

Marcar las estaciones, los solsticios y los equinoccios es una de las prácticas por las que recomiendo empezar con el fin de alinearnos con la energía de la tierra. La religión *wicca* sigue un calendario conocido como la *rueda del año*, en el que constan ocho días sagrados, o *sabbats*, que festejan las estaciones y las tradiciones ancestrales europeas que las celebran. La iconografía y la idea que hay detrás de la rueda del año han sido ampliamente aceptadas por brujas de toda condición como una forma de conectar con la tierra y honrarla.

Cuatro de los *sabbats* se basan en festivales europeos del fuego y en leyendas de la mitología celta y griega: Imbolc para marcar el inicio de la primavera el 1 o 2 de febrero, Beltane el 1 de mayo para celebrar el inicio del verano, Lugnasad o Lammas el 1 de agosto para marcar el inicio de la temporada de la cosecha y Samhain o Halloween el 31 de octubre para dar por terminada la temporada de la cosecha. Estos días festivos son de carácter espiritual y emocional, y por lo general implican celebrar la conexión con la tierra alrededor de un fuego.

Los otros cuatro *sabbats* se basan en los eventos solares conocidos como solsticios y equinoccios, y en el cambio de estación. Son Ostara, o el equinoccio de primavera, entre el 19 y el 22 de marzo; Litha, o el solsticio de verano, entre el 19 y el 23 de junio; Mabon, o el equinoccio de otoño, entre el 19 y el 23 de septiembre, y Yule, o el solsticio de invierno, entre el 20 y el 23 de diciembre. Estos días son muy especiales para muchas personas que practican la brujería verde, ya que marcan la vida y el movimiento de la Tierra dentro del universo. En los equinoccios, el día y la noche tienen la misma duración, porque el ecuador de la Tierra se alinea perfectamente con el Sol, por lo que estos son los días en los que nos centramos en el equilibrio. Los solsticios marcan el momento en que el Sol está en su punto más alto sobre uno de los polos. En el hemisferio norte, esto sucede en el solsticio de verano, y, en consecuencia, tenemos el día más largo (y la noche más corta) del año en junio. Entre el 20 y el 23 de diciembre, en el hemisferio norte nos sumergimos en la oscuridad invernal, mientras que el hemisferio sur vive su día más largo. En esos días, nos enfocamos en la armonía y celebramos de algún modo la gratitud que sentimos hacia la tierra.

Esta es solo una forma en que puedes explorar y experimentar las estaciones sin tener que renunciar a tus festividades favoritas o sin tener que reemplazarlas. Puedes añadir estas celebraciones a tu calendario o incluir algo de su significado y simbolismo en las fiestas que ya celebras, como Navidad (Yule), Pascua (Ostara) y Acción de Gracias (Mabon).

El sol, la luna y las estrellas

Pensar en lo que hay más allá de nuestra atmósfera y en la inmensidad del espacio puede ser amedrentador y mareante. De todos modos, el hecho de tomar conciencia de lo pequeños que somos también nos recuerda que formamos parte de algo más grande. Si bien muy pocas personas tienen la oportunidad de experimentar el cosmos de primera mano, la astronomía y la astrología nos permiten conectar con el universo desde donde sea que nos encontremos.

La astronomía es el campo científico que estudia el espacio, lo cual incluye la observación de los planetas, las estrellas, los asteroides y todo lo demás que hay en el universo. Empieza observando el movimiento y los comportamientos del Sol y la Luna prestando atención a los eventos solares como los eclipses y a las fases lunares cambiantes. Dedica tiempo a observar las estrellas y constelaciones y los eventos cósmicos como las lluvias de meteoritos. Consigue un telescopio para poder ver más de cerca lo que hay en el espacio o visita un planetario si hay uno en tu ciudad.

La astrología no es un campo científico, aunque hasta hace unos ciento cincuenta años era considerada una de las ciencias más antiguas del mundo. Todas las civilizaciones que conocemos han mirado a las estrellas en busca de revelaciones y orientación. La astrología es un campo de estudio intuitivo centrado en los movimientos y las posiciones de determinados cuerpos celestes y en la influencia que tienen en la vida y las emociones de los seres humanos. Tu horóscopo, basado en el Zodíaco tropical, es solo una pequeña parte de la astrología personal, pero es el mejor lugar por el que puedes empezar. Descubre cuál es tu signo solar, o signo zodiacal principal, y comienza a seguir los consejos astrológicos con regularidad.

Los doce signos del Zodíaco

Signo solar	Fecha de nacimiento	Planeta/ Elemento
ARIES	21 MAR.–19 ABR.	MARTE/FUEGO
TAURO	20 ABR.–20 MAY.	VENUS/TIERRA
GÉMINIS	21 MAY.–20 JUN.	MERCURIO/AIRE
CÁNCER	21 JUN.–22 JUL.	LUNA/AGUA
LEO	23 JUL.–22 AG.	SOL/FUEGO
VIRGO	23 AG.–22 SEPT.	MERCURIO/TIERRA
LIBRA	23 SEPT.–22 OCT.	VENUS/AIRE
ESCORPIO	23 OCT.–21 NOV.	PLUTÓN/AGUA
SAGITARIO	22 NOV.–22 DIC.	JÚPITER/FUEGO
CAPRICORNIO	23 DIC.–19 EN.	SATURNO/TIERRA
ACUARIO	20 EN.–18 FEB.	URANO/AIRE
PISCIS	19 FEB.–20 MAR.	NEPTUNO/AGUA

El horóscopo celta

El horóscopo celta no es una práctica tan antigua como el Zodíaco occidental, pues es una invención del siglo XX. Se basa en un antiguo alfabeto celta conocido como *ogham* y en la práctica de adorar árboles sagrados. En este horóscopo, se asigna un árbol sagrado u otro tipo de planta sagrada a cada mes del año. Una fecha interesante en este calendario es el 23 de diciembre, el día del solsticio de invierno, conocido como el *día sin nombre*, al cual se asocia el muérdago, altamente tóxico. Este día se encuentra entre el último de un año y el primero del año siguiente, y se considera que todo es posible en esta fecha.

El horóscopo celta

Árbol u otra planta	Fecha de nacimiento
ABEDUL	24 DE DICIEMBRE - 20 DE ENERO
SERBAL	21 DE ENERO - 17 DE FEBRERO
FRESNO	18 DE FEBRERO - 17 DE MARZO
ALISO	18 DE MARZO - 14 DE ABRIL
SAUCE	15 DE ABRIL - 12 DE MAYO
ESPINO	13 DE MAYO - 9 DE JUNIO
ROBLE	10 DE JUNIO - 7 DE JULIO
ACEBO	8 DE JULIO - 4 DE AGOSTO
AVELLANO	5 DE AGOSTO - 1 DE SEPTIEMBRE
VID	2 A 29 DE SEPTIEMBRE
HIEDRA	30 DE SEPTIEMBRE - 27 DE OCTUBRE
CAÑA	28 DE OCTUBRE - 24 DE NOVIEMBRE
SAÚCO	25 DE NOVIEMBRE - 22 DE DICIEMBRE
MUÉRDAGO	23 DE DICIEMBRE

Características

NUEVOS COMIENZOS, CREATIVIDAD, RENOVACIÓN

INTELECTO, SABIDURÍA, INFLUENCIA, PROTECCIÓN

ENCANTAMIENTO, MAGIA

SANACIÓN, CREATIVIDAD, EQUILIBRIO, HADAS

AMOR, SANACIÓN, ADIVINACIÓN

FERTILIDAD, CREATIVIDAD, NUEVA VIDA, AMOR

SABIDURÍA, LIDERAZGO, PODER DIVINO

PROTECCIÓN, PACIENCIA, RESISTENCIA

INSPIRACIÓN, CREATIVIDAD, PROSPERIDAD

CRECIMIENTO, EXPANSIÓN, ETERNIDAD

EVOLUCIÓN ESPIRITUAL, EMPATÍA, FACULTADES PSÍQUICAS

ANCESTROS, LIMPIEZA, DESTERRAR LA NEGATIVIDAD

SANACIÓN, HADAS, PROTECCIÓN

EL SOLSTICIO DE INVIERNO, EL DÍA SIN NOMBRE, TODO ES POSIBLE

(A mí me gusta consultar los consejos que se dan para el día, para la semana y para el mes). Este es un campo de estudio amplio, pero la lista anterior puede ayudarte a conocer algunos conceptos básicos sobre los signos solares.

En lo salvaje

Cada cual tiene su opinión en cuanto a lo que entra dentro de la categoría de *naturaleza salvaje*. Tanto si te gusta acampar en bosques profundos como si lo que te agrada es hacer *glamping* (acampadas de lujo) en el patio trasero de tu casa, siempre puedes familiarizarte con la energía salvaje del planeta. En estas situaciones te será útil el conocimiento que hayas adquirido sobre tu entorno natural. También puedes realizar pequeñas acciones, como colocar comederos para pájaros en casa o tener plantas en tu huerto o jardín que atraigan a pájaros e insectos polinizadores, para sentirte en armonía con la naturaleza.

Algo que debes recordar a la hora de establecer una conexión íntima con la naturaleza es que ya no estás en un ámbito humano. Para no sufrir ningún daño en la naturaleza, inspírate en el reino animal y usa todos tus sentidos, junto con tu intuición, para orientarte. No dejes de ser humilde y curiosa, y serás una bruja salvaje en poco tiempo.

Por tierra y por mar

La vida sobre la tierra es una experiencia muy solar, mientras que la vida bajo el mar está inspirada por la luna. La luna está asociada con el elemento agua, al que se le atribuyen las cualidades lunares que son la profundidad, la comunicación intuitiva y la belleza en la oscuridad. Esta no es solo una asociación mágica: la atracción gravitacional de la Luna afecta al flujo del agua en todo el planeta por medio de la fuerza de las mareas. Las mareas son la subida y bajada del nivel del agua debido al efecto combinado de la fuerza gravitatoria de la Luna y la rotación de la Tierra. Las mareas más acusadas del mundo se producen en la bahía de Fundy, entre Nuevo Brunswick y Nueva Escocia, en la costa este de Canadá. Todos los días, más de dos mil millones de toneladas de agua entran y salen de la bahía, dando lugar a una oscilación de dieciséis metros en el nivel del mar. El nivel del agua no solo sube esta cantidad de metros, sino que también desciende en la misma medida, y una parte del fondo del océano queda a la vista.

Conectar con la naturaleza marina puede ser difícil según donde se viva; esta es la razón por la cual muchas personas viajan a lugares de referencia para la práctica del buceo y visitan acuarios y centros marinos para explorar las profundidades y conectar con las criaturas que viven allí.

La práctica del *grounding*

El *grounding* (literalmente, 'toma de tierra' o 'conexión a tierra') es una de las principales formas en que las brujas verdes reciben y liberan energía mágica. Es una práctica meditativa en la que se crea una conexión con el planeta combinando el contacto físico con la visualización o imaginación. Esto crea un hilo invisible que le permite a la bruja atraer energía hacia ella desde la tierra y, luego, liberarla nuevamente en la tierra. Nuestro cuerpo actúa como una especie de pararrayos, pues canalizamos el poder de la electricidad y la neutralizamos cuando es demasiado intensa para que podamos manejarla de manera segura.

Encuentro que el *grounding* es útil tanto antes como después de cualquier ejercicio mágico y siempre que siento que necesito establecer una base estable para mí misma. En momentos de ansiedad o caos, el *grounding* nos permite descargar en la tierra esa energía abrumadora. Una vez que descubras cuál es para ti la mejor manera de *conectarte* a tierra, sabrás cuándo necesitas hacerlo.

Mi forma favorita de *conectarme* a tierra es *ponerme en contacto* con cada uno de los elementos. Hago esto centrándome en cómo huele, suena o se siente al tacto cada uno de ellos. Intentemos establecer esta conexión ahora mismo.

1. Empieza por ponerte cómoda, con toda la planta de los pies apoyada en el suelo, si es posible. (Hacer esto al aire libre sería ideal, por supuesto, pero lo puedes hacer en cualquier lugar, porque nunca estás tan lejos de los elementos como podrías pensar). Cierra los ojos, relaja los hombros, afloja la mandíbula y deja que las manos caigan a los lados. Permite que tu espalda y tus piernas se asienten y se sientan cómodas.

2. Inhala lentamente por la nariz y exhala por la boca. Enfócate en la sensación del aire al entrar por la nariz y al llenar los pulmones y el vientre. Expulsa el aire y siente cómo pasa por tus dientes y tu lengua. Haz esto cuatro veces.

3. Sigue respirando, pero ahora dirige tu atención al calor del fuego. Siente el calor del sol que está brillando sobre ti o cuyos rayos pasan a través de la ventana, o el calor que irradia tu cuerpo vivo. Recuerda una ocasión en la que te sentaste frente a un fuego crepitante y pudiste sentir el calor en la

cara y en las piernas. Inhala y exhala cuatro veces poco a poco, permitiendo que todo tu cuerpo sienta el calor.

4. Refréscate con la energía del agua. Recuerda lo que se siente cuando los pies entran en contacto con un océano o un lago en un día tranquilo. Siente cómo el agua fría lame tus tobillos con suavidad y, después, tus rodillas y la parte baja de tu espalda. Recuerda la sensación cuando estás de pie debajo de una cascada o cuando el agua salada te salpica en la cara, lo cual es refrescante y relajante a la vez. Respira profundamente cuatro veces y percibe el olor a sal o a algas.

5. Examina el entorno en el que te encuentras. ¿Estás en una playa en la que sopla la brisa junto a una hoguera encendida y hay arena entre los dedos de tus pies? ¿O tal vez te acabas de dar un baño de lujo, rodeada de velas parpadeantes? Siente el suelo sólido bajo tus pies, que te sostiene plenamente en este momento y en todos los momentos venideros. Escucha el zumbido de la tierra debajo y alrededor de ti, y ten el convencimiento de que estás a salvo, sostenida por el planeta y conectada a este. Inhala por la nariz y huele la hierba recién cortada. Y exhala, compartiendo así ese aliento con los árboles, que lo usarán para producir oxígeno. Haz otras tres respiraciones profundas y, cuando estés lista, abre los ojos y regresa al momento presente.

Invitar a la energía

Si deseas invitar a los elementos a tu espacio para realizar conjuros, el *grounding* es un magnífico punto de partida, pero también puedes acudir a representaciones táctiles de cada uno de los elementos.

El elemento tierra puede ser representado con un pequeño cuenco de tierra, arena o sal, o con la presencia de cualquier tipo de planta o piedra. En el tarot, el palo de la tierra se representa con placas o discos de cerámica, arcilla o metal fundido. Los alimentos también son un magnífico símbolo de la tierra. Puedes combinar todos estos símbolos de la forma que quieras.

El elemento aire se puede convocar esparciendo humo de incienso o usando un abanico de mano, campanas, carillones de viento y plumas caídas de forma natural. Las espadas representan el palo del aire en el tarot, y el cuchillo o las tijeras de tu kit de herramientas tienen esta misma energía.

El fuego como elemento se suele representar con velas, pero también puedes incluir guindillas, rocas volcánicas o arena, o imágenes de dragones. Las varitas representan el palo del fuego en el tarot, así que si usas una varita de madera, este puede ser tu símbolo del fuego, aunque también puedes utilizar la carta del as de bastos del tarot.

Pon un vaso de agua fresca y limpia en tu altar para representar este elemento. Las copas son el símbolo elemental del agua en el tarot, y algunas brujas tienen una copa o un cáliz específico para el agua mágica. Recoge conchas marinas, maderos flotantes o algas, o usa imágenes de playas y criaturas marinas. Las sirenas y sus espejos mágicos simbolizan el agua, y son especialmente potentes en el ámbito de la belleza y la magia de amor.

Experimentar la energía

Durante su práctica, todas las brujas verdes se han hecho la misma pregunta: «¿Cómo se siente la energía?». Ojalá hubiera una respuesta concreta, pero la verdad es que cada persona la siente de una manera diferente. Nuestros sentidos psíquicos son como nuestros sentidos físicos y están influidos por nuestra personalidad y nuestro entorno natural, así como por la energía de quienes nos rodean. Los tres ejercicios siguientes están enfocados en experimentar el colorido campo energético, o aura, de otra persona. No busques ninguno de los significados que tienen los colores del aura todavía, para no condicionar el experimento. Obtén muestras de pintura de cada uno de los colores del arcoíris; a continuación, busca una amiga o un amigo que quiera saber más sobre su aura.

🖊 **Comienza observando.** Sin hablar entre vosotros, enséñale los diversos colores a tu amigo y observa sus reacciones. ¿Sonríe o frunce el ceño? Entrégale las muestras de color y pídele que observe cada una y evoque en silencio un recuerdo conectado a cada color. ¿Con qué colores se entretiene más tiempo? Finalmente, muéstrale cada color uno por uno y toma nota de lo que ves. ¿Le gusta la ropa de ese color o, por el contrario, sabes que lo aborrece? Observa qué colores producen reacciones positivas en tu amigo y en ti.

🖊 **Siéntate cerca de tu amigo y pon una mano sobre su hombro (si esto no le genera incomodidad) para interactuar con su energía.** Muéstrale los colores uno por uno, pero esta vez hablad sobre sus sentimientos y reacciones. ¿En qué le hace pensar el rojo? ¿Qué recuerdo le trae el color verde? Sentíos libres de reír o llorar y hablad de cada color tan profundamente como queráis. Permítete sentir su risa o su dolor. Observa si su piel se calienta o se enfría, si tu amigo se pone tenso y qué tipo de movimientos hace en el transcurso de cada conversación.

🖊 **Piensa en todos los colores y las reacciones de tu amigo, y elige algunos que le hayan suscitado una reacción positiva y te parezcan adecuados.** Entre todos estos colores, opta por uno, y sostenlo en tu mente. Concéntrate intensamente en él y pregúntale a tu amigo qué color asocia más con su identidad. Tanto si coincidís como si habéis elegido un color diferente, ahora es el momento de buscar qué significa la presencia de estos colores en el aura. ¿Cómo te ha ido? ¿Qué has sentido? ¿Cómo has sentido la energía de tu amiga?

La energía que nos rodea cambia constantemente según nuestro estado de ánimo, nuestras creencias, nuestra salud y nuestro desarrollo espiritual, y esto incluye nuestra aura. En distintos momentos de tu vida, tu aura puede cambiar de color o tamaño. Por ejemplo, cuando abras los sentidos psíquicos, será normal que aparezca el color púrpura en tu aura, alrededor del chakra de la corona.

El desarrollo de los sentidos

En gran parte, la brujería verde consiste en tomar nota de las formas en que lo mágico y lo material interactúan e, incluso, se reflejan entre sí. En este caso, son nuestros sentidos los que interactúan y se reflejan. Por una parte, están los que usamos todos los días para manejarnos en el mundo, y por otra parte están los sentidos psíquicos. Nuestros sentidos fisiológicos son la vista, el olfato, el gusto, el tacto y el oído. En relación con cada uno de estos sentidos, hay una parte de nuestro cuerpo que toma los datos obtenidos y los envía al cerebro, donde son analizados para que esa información pueda utilizarse. Dado que el cerebro de cada persona es único, también lo es la percepción que tiene del mundo cada individuo a través de estos sentidos. Con los sentidos psíquicos ocurre lo mismo.

Hay más de cinco sentidos psíquicos; se los conoce como los *claris*, denominación que proviene de la palabra francesa que significa 'claro'.

- **La clarividencia, o «visión clara», es la visión psíquica.** Se perciben imágenes, pero esas imágenes no son visibles para los demás, o solo se ven en la mente. Muchas personas con un fuerte sentido clarividente pueden ver espíritus o auras, por ejemplo, e incluso pueden tener visiones del pasado y el futuro. El chakra del tercer ojo, ubicado en mitad de la frente, procesa los mensajes clarividentes.

- **La clariaudiencia es la audición psíquica.** Puede ser una voz interior que siempre está presente o incluso la voz interior de los demás. En algunas personas, las canciones, las palabras y los sonidos que oyen con los oídos físicos pueden desencadenar la audición psíquica, en la que la información se procesa a través del chakra de la garganta.

🖋 **La claritangencia, o psicometría, es la capacidad de obtener información psíquica a través del tacto.** Las brujas que pueden tocar un objeto y obtener impresiones psíquicas sobre su historia o sobre a quién pertenece están procesando sus impresiones psíquicas a través de la piel; más concretamente, a través de los chakras de las manos.

🖋 **Existen también los sentidos psíquicos del olfato y el gusto, llamados clariolfato y clarigusto, respectivamente.** Estos son algunos de los sentidos psíquicos menos comprendidos, pero creo que al estar el sentido físico del olfato tan fuertemente ligado a nuestros recuerdos y emociones, todos podemos acceder a esta energía en ocasiones. Estos sentidos están ligados al chakra de la garganta.

🖋 **La intuición (claricognición) y la empatía psíquica (clarisensibilidad) no se corresponden con ningún sentido físico, porque ambas son sentidos emocionales.** Quienes tienen una intuición fuerte saben cosas, sin más. Este sentido se origina en el chakra del plexo solar y es el origen de los clásicos «presentimientos». Por otra parte, contar con empatía psíquica (ser un individuo hiperempático) significa sentir las emociones de las personas que hay alrededor como si fuesen propias. Esta habilidad está conectada con el chakra del corazón, y puede ser difícil discernir qué sentimientos son propios y cuáles pertenecen a otra persona. Estos son los dos sentidos psíquicos más comunes.

Para ayudarte a identificar y ejercitar tus sentidos psíquicos, prueba este método tan simple, adaptado del que presenta Ellen Dugan en *The Natural Psychic* [El psíquico nato] (recomiendo este libro y a esta autora a las brujas verdes):

Toma una baraja de cartas del tarot y encuentra la de la luna. Elige otras dos cartas al azar, cierra los ojos y baraja las tres. Colócalas bocabajo delante de ti e intenta localizar La luna. Mira las cartas y observa si hay algo que destaque. Escucha si hay una voz interior que quiera orientarte. Presta atención a tu plexo solar o a tu estómago para ver si te sientes atraída hacia una en particular. Extiende las manos y toca el dorso de las cartas, a ver si recibes un mensaje de esta manera. Elige una.

La canalización del sexto sentido

El sexto sentido, también conocido como *percepción extrasensorial*, es una forma clásica de evaluar los sentidos psíquicos. En la década de 1930, dos doctores en Parapsicología de la Universidad Duke, en Carolina del Norte, intentaron demostrar la existencia de la percepción extrasensorial haciendo que un sujeto adivinara correctamente los símbolos que contenían una serie de cartas. No tuvieron éxito con sus pruebas, pero las cartas, llamadas *cartas Zener*, pues así se apellidaba quien las diseñó, han estado asociadas a los estudios psíquicos desde entonces.

En 1999, un joven Haley Joel Osment pronunció las palabras «en ocasiones veo muertos» en la película *El sexto sentido*, y pasamos a dirigir nuestra atención a otro sentido psíquico: la mediumnidad. Sin duda, los médiums tienden a poseer otros sentidos psíquicos, pero lo que los hace únicos es la capacidad que tienen de interactuar plenamente con el mundo de los muertos. Muchos médiums pueden ver los espíritus de los difuntos y oír lo que dicen, tanto aquí en la tierra como en otros planos de existencia. A veces pueden ayudar a los fantasmas y a los espíritus que están atrapados en este plano a pasar a la otra vida, y también pueden contactar con los espíritus que han cruzado para que entreguen mensajes a sus seres queridos.

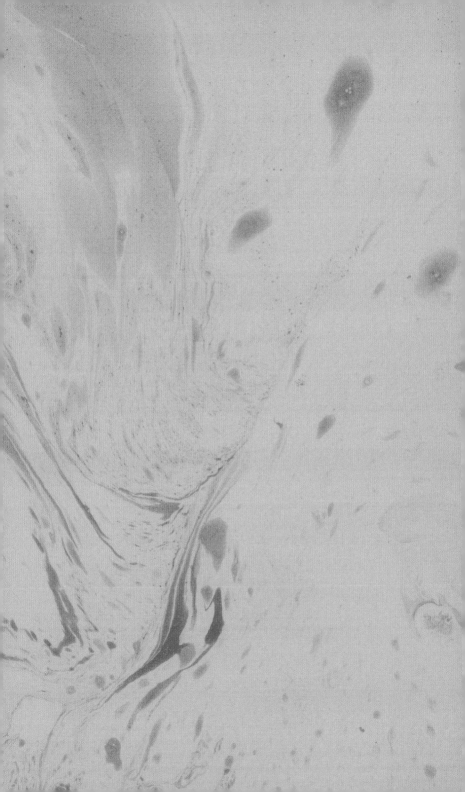

SEGUNDA PARTE

La práctica de la brujería verde

En esta parte exploraremos más a fondo el uso de las flores, plantas, hierbas y otros elementos naturales en la práctica de la brujería verde con el fin de sanar, realizar hechizos, etc. Te explicaré cómo obtener determinados materiales, así como cuáles son sus energías y con qué propósitos mágicos pueden usarse. También encontrarás consejos de seguridad, medidas de precaución y las mejores prácticas, así como ejercicios.

Al elegir los ingredientes para tus hechizos y rituales, la mejor manera de saber qué es lo que te va a funcionar es estudiar cómo ese posible ingrediente afecta al mundo natural y es afectado por este, y conectar con tu intuición. Las brujas llaman a esto *correspondencias mágicas*. De la misma manera que un signo del Zodíaco puede darnos una idea vaga de cómo es una persona, las correspondencias nos permiten hacernos este tipo de idea en relación con todo, desde las plantas y los cristales hasta los animales y las acciones. Estas son algunas correspondencias típicas que incorporarás a tu práctica:

Nombre botánico: este nombre forma parte de la clasificación científica de todas las plantas. Dado que los nombres comunes pueden variar en gran medida, el nombre botánico te ayudará a saber exactamente con qué flor estás interactuando.

Elemento: cada flor está asociada al menos con uno de los elementos que concebimos en Occidente: tierra, aire/viento, fuego, agua y éter/espíritu.

Correspondencias astrológicas: sí, las flores tienen sus signos zodiacales, aunque no se basan en ninguna fecha de nacimiento. Cada una está asociada con uno de los signos del Zodíaco tropical por lo menos y con determinados planetas.

Chakras: cada flor resuena con uno de nuestros chakras, o con todos ellos, y puede usarse para sanar o equilibrar.

Energías: son los poderes o «ámbitos de especialidad» de la flor.

Usos mágicos: cada flor se puede utilizar de varias formas y en distintas etapas de la vida. En este apartado te explicaré algunas de las maneras en que las brujas usan cada flor.

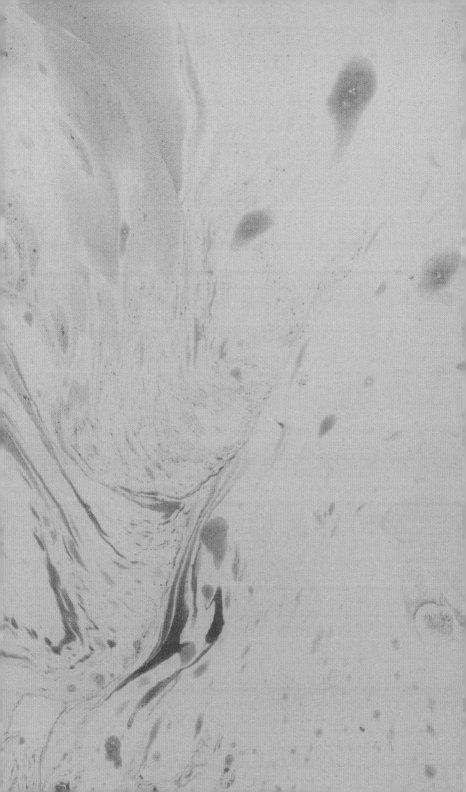

Capítulo 4

Florece con las flores

En este capítulo te presentaré
quince variedades de flores, todas las
cuales tienen sus propias energías y
usos mágicos. Entonces tendrás la
oportunidad de conectar con las flores
por tu cuenta para realizar actos de
magia, elaborar recetas y hacer rituales.

Flores

Las flores, como las brujas, tienen sus propios poderes y su propia personalidad. A veces, la personalidad de una flor es distinta de la personalidad de la planta a la que pertenece. Es por eso por lo que dedicamos espacio, en esta obra, a las flores específicamente. Aunque algunas crecen en plantas, hierbas o árboles, las flores tienen una química y una magia propias.

Rosa

Nombre botánico: *Rosa*.

Elemento: agua.

Correspondencias astrológicas: Venus; Libra, Tauro y Cáncer.

Chakras: todos. El de la corona, el del tercer ojo, el de la garganta, el del corazón, el del plexo solar, el sacro y el raíz, y especialmente el del corazón.

Energías: amor por uno mismo, abundancia, belleza, equilibrio de los chakras, bendición, magia onírica, sanación emocional y espiritual, relaciones saludables, protección, purificación, amor romántico, espiritualidad.

Usos mágicos: la rosa es la reina de las flores y «experta» en todo lo relacionado con el amor. Las rosas se utilizan, secas y frescas, en una amplia variedad de hechizos y rituales, al igual que el agua de rosas y el aceite esencial de rosas, porque se dice que esta flor es el ser vivo del planeta que tiene la energía más positiva. Es increíblemente aromática y romántica.

Jazmín

Nombre botánico: *Jasminum officinale.*

Elemento: agua.

Correspondencias astrológicas: Neptuno y la Luna; Piscis y Cáncer.

Chakras: el de la corona, el del corazón y el sacro.

Energías: abundancia, sensualidad, atracción, relajación, sanación sexual, adivinación, magia onírica, lujo.

Usos mágicos: el jazmín fresco realmente cobra vida después del anochecer; es entonces cuando libera su fragancia embriagadora. Es por eso por lo que se dice que es la *reina de la noche* y se lo asocia con la luna. Las flores secas se pueden utilizar en mezclas de incienso, tés y bolsas mojo (ver glosario), mientras que el aceite esencial de jazmín es la estrella del espectáculo en los baños, los perfumes y las pociones. Muchas brujas modernas ven el jazmín como una flor neptuniana más que lunar, debido a los increíbles poderes de adivinación, desarrollo psíquico y magia onírica que estimula.

Lavanda (espliego)

Nombre botánico: *Lavandula angustifolia.*

Elemento: aire.

Correspondencias astrológicas: Mercurio; Géminis y Virgo.

Chakras: el de la corona, el del tercer ojo, el de la garganta, el del corazón y el del plexo solar.

Energías: sueño, adivinación, reducción de la ansiedad, conciencia psíquica, felicidad, purificación, claridad, limpieza espiritual, magia, armonía, equilibrio, sanación, protección, reconciliación, seguir adelante.

Usos mágicos: recomiendo la lavanda o espliego a todas las personas que están empezando a iniciarse en la brujería verde, debido a la gran cantidad de usos que tiene y a su atractivo universal. La lavanda puede estar presente casi en cualquier trabajo mágico puesto que alivia el estrés, estimula las facultades psíquicas, limpia la energía espiritual y aporta equilibrio a los espacios. La lavanda se puede utilizar en forma de flores secas, tallos frescos y aceite esencial.

Flor de cera*

Nombre botánico: *Hoya carnosa*.

Elemento: aire.

Correspondencia astrológica: la luna.

Chakras: el de la corona, el del plexo solar y el raíz.

Energías: alineación de los chakras, conexión a tierra, protección, magia lunar, bendiciones, intuición, destino, sanación, magia estelar, reconciliación, establecimiento de límites.

Usos mágicos: esta popular planta de interior tiene largos zarcillos cubiertos de hojas cerosas de color verde oscuro y racimos redondeados de flores blancas diminutas en forma de estrella. Después del anochecer, cada flor alberga una sola

---

* Otros nombres: flor de nácar, cerilla, flor de porcelana. (N. del T.)

gota de néctar, que llena la habitación con un aroma puro y dulce. La flor de cera alinea todos los chakras y abre el chakra de la corona para estimular la magia, el chakra del plexo solar para fomentar el establecimiento de límites y el chakra raíz para promover la conexión a tierra. Las flores también se conocen, en inglés, como *pentagram flowers* ('flores pentáculo') y son excelentes para la autoprotección y la protección del hogar.

Hibisco*

Nombre botánico: *Hibiscus rosa-sinensis*.

Elementos: agua y fuego.

Correspondencias astrológicas: Venus y Marte; Escorpio.

Chakra: el sacro.

Energías: independencia, libertad, gloria personal, sensualidad, armonía, pasión, equilibrio de los chakras, catalizador mágico, relajación.

Usos mágicos: el hibisco es atractivo, hermoso y amoroso, y también fuerte y seguro. Constituye un encuentro perfecto entre el carácter sensible del agua y la fuerza apasionada del fuego. Esta flor se puede añadir a pociones y tés para equilibrar los chakras y atraer el amor apasionado y las experiencias sensuales, a la vez que nos alienta a conservar nuestra independencia. Como catalizadoras de la magia, las flores de hibisco secas se pueden incorporar a cualquier hechizo y ritual con el que se necesite obtener resultados rápidos.

---

* Otros nombres: rosa de China, flor del beso... (N. del T.)

Girasol*

Nombre botánico: *Helianthus annuus.*

Elemento: fuego.

Correspondencias astrológicas: sol; Leo.

Chakra: el del plexo solar.

Energías: brillo, felicidad, salud, nutrición, fuerza, verdad, solsticio de verano, fertilidad, abundancia, protección, confianza, autoestima.

Usos mágicos: hace más de cuatro mil años que los pueblos indígenas de México y Perú cultivan el girasol. Los aztecas ya cultivaban girasoles antes de cultivar maíz, calabazas y alubias. Cuando los españoles fueron a América en busca de oro, encontraron campos enteros de «oro» en esta belleza solar. Con su grueso tallo que puede superar los dos metros y medio de altura, los girasoles atraen la abundancia, la felicidad y la buena salud cuando se plantan en el huerto o jardín.

Trébol rojo**

Nombre botánico: *Trifolium pratense.*

Elemento: aire.

Correspondencias astrológicas: Mercurio; Tauro.

Chakra: el de la garganta.

---

* Otros nombres: calom, jáquima, maravilla, mirasol, tlapololote, maíz de teja, acahual, flor de escudo. (N. del T.)
** Otro nombre: trébol violeta. (N. del T.)

Energías: belleza natural, hadas, conexión a tierra, buena suerte, amor y lujuria, sanación del corazón roto, salud, protección, abundancia, confianza.

Usos mágicos: las flores del trébol rojo se pueden secar y usar para hacer tés, pociones y mezclas de incienso, y para añadir a los baños. Esta flor tiene una cualidad muy atractiva y es buena para atraer bendiciones y el amor, así como polinizadores, otros animales y hadas. El trébol cuenta con una larga historia como remedio y puede contribuir a acelerar la sanación mágica y emocional. Las hojas crecen en grupos de tres y siempre han sido un talismán mágico, pero los tréboles de cuatro hojas son considerados la máxima expresión de la suerte mágica.

Datura «VENENOSA»

Nombres botánicos: *Datura stramonium, D. innoxia, D. metel.*

Elemento: agua.

Correspondencias astrológicas: Venus y Saturno; Capricornio.

Chakra: el del tercer ojo.

Energías: adivinación, encantamiento, viajes astrales, poder personal, espíritu del lobo, disfraz, transformación, rotura de maleficios, visiones, magia onírica.

Usos mágicos: la datura, también conocida como estramonio,* se ha asociado con las brujas y con los ungüentos

---

* Aunque la autora ha ofrecido tres nombres botánicos, el estramonio corresponde en rigor a la *Datura stramonium*. La *Datura innoxia* es conocida por varios nombres (nacazcul, toloatzin, toloache, tártago,

que les permiten a ellas (y a sus escobas) volar. La datura crece en el medio silvestre y algunas modalidades son consideradas malas hierbas, pero esta flor puede traer a tu vida la verdadera hechicería antigua. Es posible manipular la datura, pero te recomiendo que pases tiempo cerca de ella, la observes y escuches sus mensajes sin tocarla al principio, ya que toda la planta puede ser muy tóxica, incluso venenosa.

Magnolia

Nombre botánico: *Magnolia grandiflora*.

Elemento: tierra.

Correspondencias astrológicas: Venus; Tauro.

Chakras: el del corazón y el chakra estrella de la tierra.

Energías: poder personal, fidelidad, sabiduría ancestral, vidas pasadas, fuerza, sanación psíquica, relaciones amorosas.

Usos mágicos: la magnolia es una especie realmente antigua, pues lleva más tiempo en la tierra que las abejas. Sus hermosas y fragantes flores aún son polinizadas por los escarabajos en primavera. Las flores y las hojas se pueden utilizar en toda magia relacionada con el amor y la felicidad en las relaciones. Cuando las flores están abiertas, el aroma de la magnolia activa nuestra propia sabiduría antigua y nos permite explorar vidas pasadas.

---

yerba del disco); la *Datura metel* es conocida también como *trompeta del juicio*. (N. del T.)

Borraja

Nombre botánico: *Borago officinalis*.

Elemento: aire.

Correspondencias astrológicas: Júpiter; Sagitario.

Chakras: el de la garganta, el del tercer ojo y el del corazón.

Energías: coraje, magia estelar, energía, optimismo, aprendizaje, armonía en el hogar, protección, sanación del corazón, expresión personal sincera, confianza, sanación y protección hiperempáticas, elocuencia.

Usos mágicos: esta hermosa flor azul con forma de estrella hace que la gente se sienta cómoda. Este es su mayor poder, porque cuando las personas nos sentimos cómodas, podemos expresarnos mejor, asimilar nueva información, invocar el coraje y sanar del dolor. Puedes incorporar la flor seca a inciensos y mezclas de hierbas, e incluso puedes llevarla como talismán de protección, lo cual es especialmente apropiado si eres una persona hiperempática. Puedes confitar la borraja fresca y comértela siempre que estés estudiando magia para que te ayude a retener la información.

Equinácea

Nombre botánico: *Echinacea purpurea*.

Elemento: fuego.

Correspondencias astrológicas: Júpiter; Sagitario.

Chakra: el de la garganta.

Energías: fuerza, intensificación, eliminación de bloqueos, sanación, apoyo a sanadores, clarividencia, facultades psíquicas, protección, coraje, intensificación de poderes mágicos, amor, abundancia.

Usos mágicos: la equinácea presenta muchos beneficios curativos potentes en el ámbito físico, pero también es una flor que presta un fuerte apoyo espiritual. La puedes incorporar a tés, baños y mezclas de incienso para que te ayude a eliminar los bloqueos mentales y emocionales que te estén reteniendo, para acceder a percepciones, para adquirir valentía y para que te brinde apoyo en tu camino de sanación. Añade pétalos de equinácea a cualquier hechizo para intensificar la energía y para abrir canales psíquicos.

Violeta africana

Nombre botánico: *Saintpaulia ionantha.*

Elemento: agua.

Correspondencias astrológicas: la Luna y Venus; Capricornio.

Chakra: el de la corona.

Energías: espiritualidad, amor, belleza, poder psíquico, protección, aprendizaje superior, equinoccio de primavera, consuelo.

Usos mágicos: esta planta de interior de tacto exquisitamente aterciopelado con flores de color púrpura brillante tiene el poder de atraer energía espiritual positiva al hogar. Coloca una violeta africana en el alféizar de una ventana en la noche de luna llena para atraer la energía lunar y después pon las flores frescas en los baños (los que te das en la bañera) para invocar cualquiera de sus energías.

Caléndula*

Nombre botánico: *Calendula officinalis.*

Elemento: fuego.

Correspondencia astrológica: el sol.

Chakras: el del plexo solar y el raíz.

Energías: adivinación en cuanto al amor, movilización de la energía estancada, protección espiritual, honrar y recordar a los muertos, Samhain y el Día de los Difuntos, felicidad, sanación del corazón, éxito, mediumnidad, magia onírica, buena suerte.

Usos mágicos: esta es la flor característica de las celebraciones del Día de Muertos, en México, los días 1 y 2 de noviembre. Los colores brillantes y el dulce olor de la flor de la caléndula, o maravilla, ayudan a los espíritus a encontrar el camino hacia los altares y celebraciones de sus familias. La flor seca tiene propiedades medicinales y aporta mucho a las mezclas de incienso.

---

* Otros nombres: botón de oro, mercadela, maravilla. (N. del T.)

Loto[*]

Nombre botánico: *Nelumbo nucifera*.

Elemento: agua.

Correspondencias astrológicas: la Luna y Venus; Piscis.

Chakra: el de la corona.

Energías: magia de amor, claridad, creatividad, sanación de la depresión, purificación, transformación, crecimiento espiritual, orientación, adivinación, iluminación.

Usos mágicos: la flor de loto ha sido un símbolo sagrado de paz y espiritualidad en la India desde el año 1400 a. C. aproximadamente. Los egipcios tenían su propio loto sagrado (en realidad, un nenúfar). El chakra de la corona se representa a menudo como un loto para señalar el apogeo de la iluminación espiritual.

Madreselva de los bosques[**]

Nombre botánico: *Lonicera periclymenum*.

Elementos: agua y tierra.

Correspondencias astrológicas: Sagitario; Venus.

Chakras: el sacro.

Energías: activación de la intuición, sanación y despertar sexual, prosperidad, buena suerte, hadas, atraer amor y sexo, hechizos de seducción, atracción.

---

[*] Otros nombres: loto sagrado, loto indio, rosa del Nilo. (N. del T.)
[**] Otros nombres: parra silvestre, madreselva europea. (N. del T.)

Usos mágicos: las flores de esta planta trepadora producen un néctar dulce y pegajoso al que no pueden resistirse ni los animales ni los humanos. Es una flor dulce y sensual muy apropiada para ser utilizada, fresca, en los baños y hechizos de endulzamiento. Su aroma trae vívidos sueños de amor y lujuria a través de las ventanas en las cálidas noches de verano.

Las flores en la práctica

Poción con trébol rojo para potenciar el glamur

Esta poción combina el trébol rojo, la sal rosa y el agua dulce para ayudarte a ver y proyectar tu belleza natural, promover tu confianza y tu paz interior, atraer el amor y arraigarte en tu cuerpo.

El glamur es mucho más que la belleza externa convencional o el maquillaje y las joyas costosos; es el poder de saber lo especial que eres y de mostrárselo al mundo. También es una rama de la magia que incluye hechizos para potenciar la belleza, la valentía, la confianza, la elocuencia y el encanto. Emplearemos el trébol rojo y su conexión con la antigua magia de las hadas para ayudarte a hacer aflorar en ti estas cualidades en cualquier momento que las necesites.

El mejor día para hacer este ritual es el viernes, pues está asociado con Venus, el agua y la belleza, y es mejor realizarlo con la cara limpia. Asegúrate de lavar suavemente la suciedad que pueda haber en las flores de trébol antes de comenzar, y de usar agua limpia y fresca.

Necesitarás:

- Un bol de vidrio.
- 3 cucharaditas de sal rosa del Himalaya.
- 1 vaso de agua filtrada o de manantial.
- 3 flores de trébol rojo frescas y lavadas.
- Un pequeño pulverizador.
- Un espejo.
- Un trapo limpio o una toalla de papel.
- Agua de rosas (opcional).

1. Reúne todos los elementos delante del espejo que más utilices, respira hondo y mira tu reflejo con intención y profundidad. No te juzgues. Evita efectuar consideraciones acerca de todo aquello que no te gusta de ti misma. Sencillamente, examina tu cuerpo físico con mirada honesta. Ahora cierra los ojos y haz lo mismo con tu yo no físico, es decir, con tus sentimientos, tus pensamientos y tu intuición. ¿Cómo te ha hecho sentir contemplar tu reflejo? Tómate tu tiempo.

2. Agrega las tres cucharaditas de sal rosa al bol de vidrio. El tres es el número de la creatividad, el cambio y la conexión con las fuerzas naturales de la magia. Vierte el agua sobre la sal y remuévela tres veces con un dedo, en el sentido contrario al de las agujas del reloj, para activar la energía limpiadora de la sal.

3. Toma las tres flores de trébol en tus manos y vuelve a fijarte en tu reflejo. Una tras otra, pon una flor de trébol en el agua y di algo que te guste de ti, interno o externo, o que haga que seas una persona única, hermosa o carismática. Vuelve a remover el agua con el dedo, pero esta vez en el sentido de las agujas del reloj, para activar la capacidad que tiene el trébol de atraer lo bueno hacia ti.

4. Salpica un poco de la poción en el espejo con los dedos y a continuación límpialo con el trapo o la toalla de papel; mientras haces esto, siente que limpias todas las dudas que albergas en relación contigo misma y todo lo que no te gusta de ti.

5. Pon el resto de la poción, menos los tréboles, en el pulverizador, y rocía ligeramente tu cara y tu cuerpo. Vuelve a

mirar tu reflejo. ¿Ves algo diferente? Conserva la poción en un lugar fresco y seco durante un máximo de tres semanas. Desecha los tréboles en el exterior con otras flores.

Opcional: si quieres aplicarte un poco de fragancia, el agua de rosas refresca e hidrata la piel y el cabello, y es una gran aliada en los rituales de belleza.

Una planta de interior para proteger el hogar

Las flores en forma de pentáculo y el aromático néctar de rocío de miel de la flor de cera hacen que esta planta sea tu aliado vegetal perfecto para establecer límites alrededor de tu hogar o tu espacio.

Las brujas usan el pentáculo (estrella de cinco puntas) como símbolo de protección y representación de los elementos. Las flores en forma de estrella de la flor de cera crecen en racimos redondos que se asemejan a la luna; por lo tanto, procura realizar este hechizo después del anochecer en la noche de luna llena, tras haber limpiado espiritualmente tu hogar.

Necesitarás:

- Una flor de cera en maceta con las flores abiertas y que estén produciendo néctar.

- Un abanico hecho de papel o tela (no seda o satén).

- Agua que haya estado un tiempo en tu altar o espacio sagrado.

1. Encuentra un racimo de flores en tu planta de la flor de cera que esté en plena floración; debe haber gotas de néctar encima de las flores. Tómate un tiempo para admirar las flores estrelladas, que parecen brillar a la luz de la luna.

2. Expresa tu intención en voz alta: «Tú y yo vamos a fortalecer los límites de mi hogar, a mantenernos a salvo a mí y a mi familia, y a permitir que aquí entre solamente energía mágica positiva».

3. Presiona el abanico abierto contra las flores, con delicadeza, para que se impregne con el néctar. Hazlo por ambos lados.

4. Desplázate por la casa en el sentido de las agujas del reloj, dibujando un pentáculo en el aire con el abanico frente a cada ventana y cada puerta. Siéntete libre de invocar los elementos en voz alta (la tierra, el aire, el fuego, el agua y el espíritu) en cada ocasión. También puedes dirigir el perfume hacia ti para proteger tu aura.

5. Regresa junto a tu flor de cera cuando hayas terminado y dale un poco de agua de tu altar como ofrenda de gratitud.

Sales de baño para sanar el sacro

La fórmula de esta mezcla de sales de baño está concebida para equilibrar y sanar el chakra sacro, también conocido como chakra sexual o del agua, que se encuentra justo debajo del ombligo.

Necesitarás:

- Un bol de vidrio y una cuchara para mezclar.

- 2 vasos de sal del Himalaya.

- 3 cucharaditas de aceite de oliva u otro aceite portador.

- Flores de hibisco secas.

- 3 gotas de aceite esencial de jazmín.

- 3 gotas de aceite esencial de sándalo.

- 3 gotas de aceite esencial de rosa o geranio rosa, o 1 cucharadita de agua de rosas.

- Un frasco para guardar la mezcla.

- Aceite esencial de hibisco, sales de Epsom, una bolsita de algodón, y flores de brezo secas (opcional).

1. Coloca los dos vasos de sal del Himalaya, rosa o naranja, en el bol de vidrio. Si no tienes sales de Epsom, que contribuyen a la relajación física, también puedes sustituirlas por un poco de esta sal. Añade el aceite de oliva, cucharadita a cucharadita, y mézclalo con la sal. No dejes que el aceite se acumule en el fondo del recipiente ni que empape completamente la sal; solo debe cubrirla un poco.

2. Añade un puñado de flores de hibisco (la cantidad que quieras) y combínalas con la mezcla de sal y aceite. Esto hará que el agua en la que te vas a bañar adquiera un color ligeramente rosado. Agrega más flores si quieres que el color rosado sea más evidente.

3. Añade las tres gotas del aceite esencial de jazmín y el de sándalo. Ambos son muy aromáticos y están asociados con la energía de la luna (que también está en sintonía con este chakra), la sensualidad y la sanación. Incorpora también las tres gotas del aceite esencial de rosa. Este aceite es significativamente caro, por lo que puedes sustituirlo por aceite esencial de geranio rosa, que tiene un olor y una energía similares, o una cucharadita de agua de rosas. La rosa equilibra todos los chakras y facilita la sanación emocional.

4. Mezcla bien el contenido y métlo en el frasco. Deja la tapa abierta durante un día para que las sales se sequen un poco. Añade un cuarto de vaso de estas sales al agua de tu baño y asegúrate de que el agua te cubra el ombligo. Si no te gusta tener flores secas flotando en el agua en la que te vas a bañar, pon las sales en una bolsa de algodón y cuélgala sobre el grifo mientras se llena la bañera. Mientras yaces en el agua, imagina cómo un hermoso hibisco naranja despliega sus pétalos poco a poco en la zona de tu chakra sacro.

Opcional: puedes incluir aceite esencial de hibisco, aunque es poco aromático y es posible que su presencia no se note mucho. Por otra parte, la flor del brezo se considera muy sanadora para quienes han sufrido acoso sexual o alguna agresión sexual.

Ritual de rosas arcoíris para el amor a uno mismo

Este ritual trae la magia de las rosas a tu dormitorio para recordarte que no necesitas a nadie más que a ti misma para colmarte de amor.

Necesitarás:

- 1 rosa fresca de cada color:
  - Azul o lavanda para encantamientos.
  - Blanca para la purificación y los nuevos comienzos.
  - Rosa para la belleza y la sanación del corazón.
- Amarilla para la alegría y la amistad.
- Naranja para la energía y la confianza.
- Roja para el amor incondicional.
- Rosas arcoíris y un frasco grande de vidrio (opcional).

1. En el lenguaje de las flores, cada color de las rosas tiene un significado específico, como lo tiene el tamaño del ramo. Seis rosas representan la necesidad que todos tenemos de ser amados y apreciados.

2. Hazte la cama exactamente como te gusta hacerla, lleva las rosas a tu habitación y cierra la puerta.

3. Agarra tu rosa azul o lavanda y separa los pétalos del tallo. Deja el tallo a un lado, esparce los pétalos sobre tu cama y di: «Soy cautivadora».

4. Haz lo mismo con el resto de las rosas, en este orden, y diciendo lo que se indica en cada caso:

- Blanca: «Este es un nuevo comienzo para mí».
- Rosa: «Soy hermosa y mi corazón está abierto».
- Amarilla: «Soy mi mejor amiga y una gran amiga para los demás».
- Naranja: «Me amo a mí misma y eso me aporta una energía constante».
- Roja: «Me amo a mí misma, incluso cuando otras personas no lo hacen. Me amo incondicionalmente».

5. Échate en tu lecho de rosas y deléitate con su belleza. Tómate este tiempo para amarte a ti misma.

Opcional: también puedes utilizar rosas arcoíris (cuyos pétalos han sido teñidos artificialmente con varios colores), las cuales pueden tener un significado especial para las personas que se encuentran dentro del espectro LGBTQIA+.* Puedes secar los pétalos y colocarlos dentro de un frasco de vidrio para mantener el hechizo.

---

* Recientemente, no sin controversia, a las siglas del colectivo LGBT (lesbianas, gays, bisexuales, transexuales) se han añadido las correspondientes a intersexuales (presentan caracteres sexuales masculinos y femeninos y no renuncian a ninguno); *queers* (es un término inglés que como concepto es difícil de definir. Para el filósofo Paul B. Preciado, el término se refiere a un movimiento post-identitario: es decir, "una posición crítica ante los procesos de exclusión y de marginalización que genera toda ficción identitaria, tanto dentro de sociedades heterosexuales como en la cultura gay"); y, finalmente, el símbolo de la suma (+), que representa a cualquier otra minoría dentro de este contexto que no se sienta específicamente representada con el resto de las siglas. (N. de la E.)

Almohada de sueños para fomentar la adivinación

La adivinación es el hecho de desvelar el futuro o hechos ocultos a través de medios esotéricos como bolas de cristal y cartas de tarot. Los sueños son «herramientas» de adivinación potentes, y este ritual puede ayudarte a recordarlos y comprenderlos en mayor medida.

Las almohadas de sueños son un tipo de magia que puede incrementar tu intuición onírica, alentarte a soñar con ciertas cosas o eventos, y ayudarte a recordar con mayor nitidez tus sueños al día siguiente. Te recomiendo que lleves un diario de sueños o que reserves una sección en tu libro de hechizos para anotar los mensajes que recibas.

Necesitarás:

- Una bolsita púrpura con cordón o una tela púrpura.
- Hilo y aguja (opcional).
- Un diario de sueños y un bolígrafo.
- Bolas de algodón o una guata.
- Flores secas de manzanilla, lavanda y jazmín.
- Aceites esenciales de jazmín, manzanilla y lavanda.
- Un infusor de bola para té, una taza y velas (opcional).

1. Resérvate un lunes por la noche para crear tu almohada de adivinación, ya que los lunes están asociados con la luna y los sueños.

2. Reúne tus herramientas en el espacio de tu altar y enciende algunas velas para crear un ambiente acogedor y confortable, si quieres. Si vas a coser tu almohada, empieza por coser tres de los lados para hacer una pequeña bolsa.

3. Abre tu diario o libro de hechizos por una página en la que no haya nada escrito y anota cualquier cosa con la que quieras soñar o un problema en relación con el cual te gustaría obtener algo de claridad. Tal vez quieras preguntar sobre una relación o un trabajo.

4. Empieza a llenar la almohada con el algodón cuando estés lista, pero detente cuando esté medio llena.

5. Agarra una pizca de cada una de las tres hierbas (manzanilla para dormir tranquila y protegerte de las pesadillas, lavanda para relajarte y abrir el tercer ojo, y jazmín por la conexión que tiene con la magia onírica de Neptuno) y añádelas a la almohada. Estas flores no solo son buenas para la magia onírica, sino que, además, cada una desprende una fragancia que nos ayuda a conciliar el sueño y a sentirnos relajadas.

6. Agrega dos gotas de cada aceite esencial a un trozo de algodón e incorpóralo también a la bolsa.

7. Rasga la página de tu diario en la que has escrito las intenciones que tienes en relación con tus sueños, dóblala hasta que tenga un tamaño pequeño e incorpórala a la almohada antes de llenar el resto con algodón y cerrar el extremo.

8. Pon tu almohada de sueños debajo de tu almohada habitual y deja que los aromas y energías de las flores te arrullen y te lleven hacia los sueños psíquicos*.

Opcional: estas tres flores se pueden usar para preparar una infusión que te proporcionará un sueño muy agradable. Pon las tres flores, en las mismas cantidades, en un infusor de bola para té y deja reposar la mezcla en agua caliente durante dos minutos. Bebe esta infusión antes de acostarte para que contribuya a que todos tus sentidos se impliquen en tu magia onírica.

---

* Experiencias oníricas en las que se registran eventos que luego se verifican en la realidad. Pueden ser de carácter premonitorio o simplemente esclarecedores. (N. del T.)

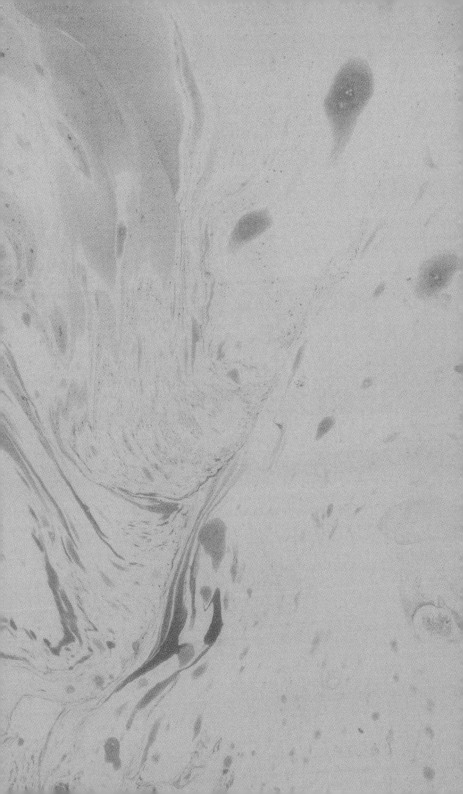

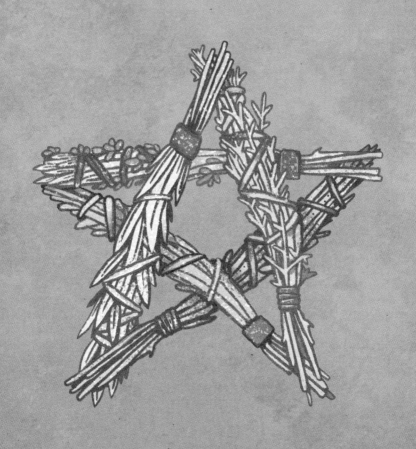

Capítulo 5
El poder de las plantas

Las brujas han estado aprovechando el
poder de las plantas para hacer magia
y elaborar remedios desde tiempos
remotos. Con sus raíces firmemente
asentadas en la tierra y sus hojas que
se alzan hacia el cielo, las plantas nos
conectan tanto con el mundo físico
como con el ámbito espiritual.

Plantas

Aunque las flores son plantas en un sentido amplio, las siguientes quince son más grandes y fuertes, y en el ámbito de la brujería se utiliza una mayor parte de ellas, como los tallos y las raíces.

Artemisa

Nombre botánico: *Artemisia vulgaris*.

Elementos: fuego y tierra.

Correspondencias astrológicas: la Luna; Capricornio.

Chakra: el del tercer ojo.

Energías: poder psíquico, magia onírica, sanación, proyección astral, solsticio de verano, visiones, seguridad en los viajes, salud de la mujer, nacimiento, protección, limpieza de herramientas mágicas.

Usos mágicos: para mí, no hay una hierba mágica más «bruja» que la artemisa. Puede prepararse como infusión o añadirse a mezclas para fumar con el fin de incrementar la conciencia psíquica, suscitar sueños proféticos y ayudarnos a recordarlos. La artemisa es un talismán para viajar con seguridad, tanto en la vigilia como en los sueños. Esta planta lleva mucho tiempo utilizándose en la medicina tradicional china para incrementar el flujo del *qi* (fuerza vital) a ciertas partes del cuerpo y así facilitar la sanación a través del proceso de la moxibustión, que implica calentar materia vegetal cerca de la superficie de la piel o sobre ella.

Salvia

Nombres botánicos: *Salvia officinalis, S. apiana.*[*]

Elementos: aire y tierra.

Correspondencias astrológicas: Júpiter; Sagitario.

Chakra: el de la corona.

Energías: sabiduría, limpieza, bendición del hogar, longevidad, protección, buena suerte, magia ancestral, ahuyentar espíritus, purificación, conexión a tierra, claridad mental.

Usos mágicos: todas las variedades de salvia representan la sabiduría de las generaciones ancianas y remotas. Una vez seca, la salvia se quema para eliminar los residuos espirituales que pueda haber en una zona, limpiar el aura y ofrecer protección espiritual. Nos abre a recibir mensajes espirituales sin dejar de estar firmemente conectadas a tierra. Uno de sus usos más frecuentes es el de ahuyentar los espíritus y entidades «instalados» en un nuevo hogar antes de mudarnos a este.

Café

Nombres botánicos: *Coffea arabica, C. canephora.*

Elementos: fuego, tierra y aire.

Correspondencias astrológicas: Urano y Mercurio; Sagitario y Acuario.

Chakras: el raíz, el sacro.

---

[*] La *Salvia officinalis* es la planta que conocemos como salvia. La *Salvia apiana* es la planta conocida como salvia blanca. (N. del T.)

Energías: eliminar bloqueos, adivinación, conexión a tierra, claridad mental, prosperidad, protección contra las pesadillas, hechizos energizantes, acelerar y agitar las cosas, romper maldiciones.

Usos mágicos: tu café de la mañana ya es una poción mágica que te aporta energía y claridad mental. La adición de granos de café enteros o incluso café hecho puede ayudarte a potenciar cualquier hechizo que estés lanzando y a definir tu intención. Si no te gusta beber café, la planta se puede cultivar en espacios interiores, y las hojas y flores se pueden utilizar con las mismas finalidades.

Damiana*

Nombre botánico: *Turnera diffusa*.

Elementos: fuego y agua.

Correspondencias astrológicas: Venus y Júpiter; Escorpio.

Chakra: el sacro.

Energías: meditación, adivinación, atraer el amor y el sexo, sueños lúcidos, sanación de relaciones, relajación, Beltane.

Usos mágicos: la damiana es una de mis plantas favoritas para todo tipo de magia de amor (baños, mezclas de hierbas, bolsas mojo, etc.). Tiene una cualidad muy sensual y mística, probablemente porque incluso la hoja seca huele a higos frescos. Pueden hacerse infusiones con ella o puede

---

* Otros nombres: hierba de la pastora, hierba del venado, oreganillo, pastorcilla. (N. del T.)

añadirse a mezclas para fumar, aunque tiene el efecto de inducir cierta relajación física cuando se fuma.

Gordolobo (verbasco)

Nombre botánico: *Verbascum thapsus*.

Elemento: fuego.

Correspondencias astrológicas: Saturno y Plutón; Capricornio.

Chakra: el del tercer ojo.

Energías: protección, comunicación con los espíritus, adivinación, limpieza espiritual, mediumnidad, magia onírica, conexión psíquica.

Usos mágicos: una vez secas, las vellosas hojas del gordolobo o verbasco ofrecen una base excelente para las mezclas de incienso, ya que, aunque son muy poco olorosas, contienen mucha energía mágica. El gordolobo es una hierba nocturna relacionada con los poderes psíquicos y utilizada en las prácticas mediúmnicas y para ahuyentar a los espíritus de las casas encantadas. Su alto tallo puede secarse, sumergirse en cera de abeja y usarse como antorcha.

Cáñamo

Nombre botánico: *Cannabis sativa*.

Elementos: tierra y agua.

Correspondencias astrológicas: Saturno y Venus; Capricornio y Géminis.

Chakras: todos, especialmente el de la corona.

Energías: intensificación de poderes, manifestación, sanación, dinero y abundancia, limpieza de energía negativa, amor y sexo, protección, sueño, muerte y despedida, comunicación con los espíritus, meditación.

Usos mágicos: el cáñamo, junto con su primo psicoactivo cánnabis, es uno de los cultivos industriales y espirituales más antiguos del mundo. Actualmente siguen encontrándose semillas de cáñamo en antiguos yacimientos, y parece que fue una planta importante en las prácticas funerarias destinadas a despedir y honrar a los muertos. Puedes utilizar el cáñamo y el cánnabis* (en los lugares en los que este sea legal) en tu práctica como el equivalente herbario del cristal de cuarzo, porque sus usos son ilimitados y pueden incorporar cualquier propiedad mágica que necesites. El cáñamo cultivado junto al hogar atrae el dinero y la abundancia, elimina la energía negativa y fomenta un sueño reparador y una curación rápida. No tienes por qué ingerir ningún estupefaciente para trabajar con su energía si esto no es adecuado para ti, ya que el cáñamo se puede usar seco en mezclas de incienso y herbarias, y como cuerda o guita mágica. Además, las semillas de cáñamo (su corazón; hay que quitarles la cáscara) son sabrosas y de alto contenido en nutrientes, y se pueden añadir a casi cualquier comida. El cánnabis, psicoactivo, se ha utilizado desde tiempos antiguos en la meditación, en la magia de amor y sexual, y para comunicarse con los espíritus, y actualmente se emplea como un remedio potente y multifuncional.

---

* El *Cannabis sativa* psicoactivo puede ser ilegal en el lugar en el que resides; por lo tanto, asegúrate de consultar las leyes y normativas vigentes en tu territorio. (N. de la A.)

Doradilla

Nombre botánico: *Selaginella lepidophylla.*

Elementos: agua y aire.

Correspondencias astrológicas: Plutón; Escorpio.

Chakra: el raíz.

Energías: abundancia, resurrección y renacimiento, bendiciones, éxito, fuerza, transformación, atracción, amor y sexo, dinero, sanación, protección.

Usos mágicos: esta planta es un helecho del desierto de Chihuahua (México) llamado *planta de la resurrección*. Cuando está seca, la doradilla parece una pequeña maleza rodadora y se diría que está muerta, pero cuando se meten sus raíces en el agua, cobra vida, se vuelve verde y se abre. La planta de la resurrección atrae buena suerte, amor y bendiciones para cualquiera que la cuide.

Planta de té

Nombre botánico: *Camellia sinensis.*

Elementos: fuego y agua.

Correspondencias astrológicas: Marte y la Luna; Libra.

Chakras: el del corazón, el del plexo solar.

Energías: sanación, relajación, energía, memoria y claridad mental, coraje, dinero, prosperidad, amor, limpieza, sanación del aura, conexión con los espíritus, facultades psíquicas.

Usos mágicos: la mayoría de las variedades de té (negro, verde, blanco y *oolong*) están hechas con las hojas de la *Camellia sinensis*. Otras variedades de *Camellia* producen flores ornamentales populares en los ramos y en el ámbito de la magia, y se les atribuyen propiedades sanadoras en relación con el chakra del corazón; también a las variedades de té de la planta se les atribuyen estas propiedades. Además de servir para hacer pociones y bebidas, el té se puede incorporar a los baños, inciensos y mezclas de hierbas.

Fucus (sargazo vejigoso)˙

Nombre botánico: *Fucus vesiculosus*.

Elementos: agua y aire.

Correspondencias astrológicas: la Luna; Piscis.

Chakra: el sacro.

Energías: magia de los océanos, salud, viento, viajes, poder psíquico, protección, dinero y prosperidad, sanación psíquica, petición de deseos.

Usos mágicos: esta alga marina, bien conocida, representa de forma magnífica el elemento agua en el altar de la bruja, y también se utiliza como un poderoso talismán para una amplia variedad de usos mágicos. Al ser una gran fuente de yodo, tiene muchos usos medicinales, y esta energía también está presente en sus poderes mágicos.

˙ Otros nombres: sargazo vesiculoso, roble de mar, lechuga de mar. (N. del T.)

Ruda

Nombre botánico: *Ruta graveolens*.

Elemento: fuego.

Correspondencias astrológicas: Marte y Saturno; Aries.

Chakras: el raíz y el del tercer ojo.

Energías: protección, límites, visiones, rotura de maleficios, eliminación de entidades espirituales, poder psíquico.

Usos mágicos: en la magia popular italiana, la ruda ofrece la máxima protección contra el mal de ojo, un tipo de maldición. Sus poderes de protección abarcan los ámbitos espiritual, físico y emocional. La ruda se puede cultivar en huertos o jardines para este propósito, pero también se puede colgar una ramita seca sobre las puertas y usar la planta seca para hacer inciensos y polvos con el fin de obtener protección. La planta viva produce una savia que puede irritar la piel, por lo que tanto las personas como los animales tienden a evitarla.

Mostaza negra (ajenabe)

Nombre botánico: *Brassica nigra*.

Elemento: fuego.

Correspondencias astrológicas: Marte y Plutón; Aries.

Chakras: el raíz y el del tercer ojo.

Energías: brujería, poder psíquico, protección, camuflaje mágico, la luna nueva o negra, Samhain, guardar secretos.

Usos mágicos: la semilla de la mostaza negra es el ingrediente más excelente en la infusión de la bruja. Curiosamente, se la conocía como *ojo de tritón* durante la época de Shakespeare. Esto por sí solo hace que sea apropiada para iniciar cualquier acto mágico, pero es especialmente útil para invocar el poder y la protección psíquicos. Se puede añadir una pequeña cantidad a las mezclas de incienso, pero es picante. Úsala para proyectar un círculo de protección alrededor de tu casa en las noches de luna nueva.

Cinnamomum cassia (el árbol del que procede la canela china)*

Nombre botánico: *Cinnamomum cassia*.

Elemento: fuego.

Correspondencias astrológicas: Sol y Marte; Aries.

Chakras: el del corazón, el del plexo solar y el sacro.

Energías: pasión, creatividad, dinero, buena suerte, sexualidad, atracción, amor, protección del hogar, victoria, aceleración, Mabon, Samhain.

Usos mágicos: la ardiente canela (china) es cálida, apasionada, energizante y acogedora. Puedes usar la variedad en polvo típica o los palitos, o incluso encontrar grandes trozos de corteza de canela (china) para usarlos en mezclas de

---

* La canela china es muy utilizada en el continente americano y en el Reino Unido, mientras que en el resto de Europa se utiliza mucho más la de Ceilán. Tienen propiedades similares, si bien la canela china no es tan aromática y tiene un sabor un poco más picante. La canela china es una hierba fundamental dentro de la medicina tradicional china. (N. del T.)

inciensos y aceites. La escoba hecha de canela (china) protege el hogar y atrae la prosperidad.

Avellano de bruja (hamamelis)*

Nombre botánico: *Hamamelis virginiana.*

Elemento: agua.

Correspondencias astrológicas: Saturno; Capricornio.

Chakra: el del corazón.

Energías: sanación, belleza, adivinación, iniciación, inspiración, limpieza, limpieza espiritual, sanación del corazón, desaceleración.

Usos mágicos: el avellano de bruja o hamamelis es una de las plantas medicinales más utilizadas en el mundo. Sus principales usos son la sanación y el alivio de la piel, generalmente como parte de un tónico cutáneo en el que también hay alcohol y agua de rosas. Las ramitas de este arbusto de crecimiento lento se usaron en otros tiempos como varas de adivinación (herramientas mágicas para encontrar agua) y las hojas secas funcionan bien en pociones y aguas.

Sorgo (zahína)

Nombre botánico: *Sorghum bicolor.*

Elementos: tierra y aire.

Correspondencias astrológicas: Cáncer; Mercurio.

---

* Otros nombres: hamamelis de Virginia, escoba de bruja, avellana que se rompe. (N. del T.)

Chakras: el raíz y el de la corona.

Energías: limpieza, viajes astrales, protección, magia del hogar, amor, bodas, armonía en el hogar, magia onírica.

Usos mágicos: el sorgo o zahína se utiliza para hacer escobas de bruja. De esta hierba ornamental salen unos filamentos perfectos para confeccionar escobas con usos mágicos y prácticos, y tiene la capacidad de llegar al plano astral a través del plano físico. En las bodas de las brujas, es costumbre que las parejas salten por encima de una escoba especialmente decorada para simbolizar que inician una nueva vida y dejan atrás la vieja.

Raíz de lirio

Nombre botánico: *Rhizoma iridis*.

Elemento: agua.

Correspondencias astrológicas: la Luna; Venus.

Chakra: el del corazón.

Energías: atraer el amor, comunicación psíquica, empoderamiento de la mujer, adivinación, protección psíquica, pasión, buena suerte, sanación energética, sabiduría, inspiración.

Usos mágicos: la raíz de lirio proviene del hermoso lirio azul, que se usa para favorecer el equilibrio y la limpieza espirituales. La raíz, en cambio, es un poderoso talismán que atrae, especialmente, el amor y la pasión. La planta entera o en polvo se puede añadir a inciensos, saquitos de polvos, baños y hechizos con velas.

Las plantas en la práctica

Varita limpiadora que desprende humo sagrado

Sin duda has visto quemar haces de salvia para limpiar la energía de una persona o un lugar con el humo. Por lo general, estos atados se preparan con salvia blanca, que es sagrada para muchas tribus nativas americanas, y se usan en lo que se llama ceremonias «de sahumerio».[*] De todos modos, la quema de hierbas sagradas ha sido una práctica habitual en todo el mundo durante mucho tiempo. Este haz de plantas sagradas incluye salvia para limpiar, artemisa para proporcionar protección y fortalecer la intuición, y lavanda para potenciar la felicidad y la armonía, todo atado en forma de varita. Estas plantas son muy sanadoras.

Necesitarás:

- Tallos frescos de artemisa, salvia y lavanda.
- Un cordel (púrpura, si lo tienes).
- Unas tijeras.
- Un cuenco ignífugo y cerillas.

1. Recoge o compra artemisa y salvia frescas, de las variedades más presentes en el lugar en el que vives, y tallos de lavanda de unos quince centímetros de largo.

2. Junta estas hierbas (en el orden que sientas) con los tallos apuntando hacia ti. (Recuerda que este manojo de hierbas tiene que secarse totalmente; tenlo en cuenta para determinar la densidad).

---

[*] Consulta el apartado dedicado a la salvia (pág. 111) para obtener más información sobre distintas variedades de esta hierba. (N. de la A.)

3. Usa el cordel para atar el «mango» de tu varita a unos dos centímetros y medio de la base; a continuación, ve rodeando el manojo con el cordel hasta llegar al extremo superior, sin apretar, y prosigue con el mismo movimiento en sentido descendente, hasta llegar al «mango» de nuevo. Ata el cordel y corta el que sobre.

4. Deja que tu varita se seque durante un lapso de cuatro a ocho semanas.

5. Cuando esté completamente seca, enciende el extremo superior sobre el cuenco ignífugo. Pasea la varita limpiadora por toda la casa para que el humo la limpie de energías negativas, e incorpora la energía sanadora de estas plantas sagradas a tu espacio.

Saquito-amuleto *cimaruta*

La *cimaruta* es un amuleto popular italiano que se lleva como joya o se cuelga en el hogar para ofrecer protección contra el mal de ojo. Este saquito-amuleto incluye ruda seca y talismanes protectores.

Dado que su planeta asociado, Saturno, es el de los límites, es mejor hacer este amuleto protector un sábado por la noche en la propia cocina, que es un lugar de poder en la magia popular italiana.

Necesitarás:

- Una bolsita de franela de color rojo, negro o azul cobalto.

- Ruda, romero y verbena secos.

- Amuletos o cuentas con forma de luna creciente, una mano y un ojo.

- Un cordel de cáñamo.

- Una llave antigua.

1. Empieza por meter un par de pellizcos de ruda a tu bolsita y aspira el olor. Añade una pizca de romero para mantener alejada la energía negativa y «recluta» a antepasados dispuestos a ayudar. Una pizca de verbena incrementa el componente protector, especialmente en asuntos que tienen que ver con el final de una relación.

2. Mete tus amuletos en la bolsita. Puedes usar cualquier elemento que te parezca que tiene un efecto protector. Estos son solo algunos símbolos típicos de los amuletos *cimaruta* clásicos:

   - Una luna creciente como símbolo de la guía e intuición divinas.

- Una mano para detener cualquier maldición o a toda persona deseosa de hacer daño.
- El *nazar*, un símbolo turco para proteger contra el mal de ojo hecho de cristal de color azul cobalto. Cualquier representación de un ojo es un símbolo contra las maldiciones o la mala voluntad, como si a través de él una mirada atenta te estuviera protegiendo.

3. Activa el amuleto escupiendo ligeramente (o simulando escupir) tres veces en el interior de la bolsita. Imagina que la ruda cobra vida y envuelve los amuletos del interior con sus ramas protectoras. Cierra el extremo abierto rodeándolo con el cordel de cáñamo (da tres vueltas) y sujeta con él la llave antigua (al usar una llave antigua, te aseguras de que tu hechizo de protección no impida que se te abran las puertas buenas).

Hechizo de nudos con cordel de cáñamo

Aquí se aprovechan las propiedades manifestadoras y meditativas del cáñamo para lanzar un hechizo por medio de la intención. Se utilizan imágenes del tarot, lo cual permite que el hechizo sea totalmente personalizable.

Necesitarás:

- Una baraja de tarot.
- Un cordel de cáñamo.
- Unas tijeras.
- Plantas, flores, hierbas, cristales pequeños, plumas, un mechón de cabello, amuletos que correspondan a tu intención, una vela o un sello de cera, cuentas de cristal (opcional).

1. Elige una carta del tarot que te represente, a causa de la imagen que hay en ella o de su significado. También puedes elegir una carta al azar.

2. Establece tu intención y elige una carta afín a ella. Los amantes o el dos de copas son apropiados para los hechizos de amor, el as de oros lo es para conseguir un nuevo trabajo, el carro para viajar y el mundo para los logros. También puedes elegir una carta que muestre algo que sea un referente para ti, como la emperatriz o el emperador.

3. Elige una longitud para tu cordel de forma intuitiva o escoge la medida a partir de un número que sea significativo en tu hechizo, como los números de las cartas, tu mes de nacimiento o la fecha de tu entrevista de trabajo. Ata nudos en grupos de tres a intervalos iguales, declarando

tu intención en voz alta y asegurándola con el cordel a medida que avanzas.

4. Repite el paso anterior hasta llegar al final del cordel; a continuación, rodea tus cartas con este y haz tres nudos más, repitiendo tu intención cada vez.

5. Lleva este talismán contigo o colócalo en tu altar hasta que tu hechizo se haga realidad. No desates los nudos a menos que quieras que el hechizo o la relación que has construido se deshaga. En lugar de ello, desliza el cordel hasta que las cartas queden liberadas y entiérralo en el suelo.

Opcional: puedes usar cuentas hechas con los cristales apropiados, ponerlas entre los nudos y conservar el hechizo en forma de brazalete o amuleto. También puedes usar cada nudo para atar objetos mágicos a tu hechizo, como hojas, plumas, cristales pequeños o amuletos.

Hechizo para el amor o la prosperidad con la planta de la resurrección

Este hechizo de siete días fomenta el incremento del amor o la prosperidad gracias a la planta de la resurrección y el ágata verde.

Aunque tu doradilla parece una planta rodadora en este momento, a lo largo de los próximos siete días la regarás y cuidarás, y verás cómo se desarrolla como por arte de magia, junto con tu dinero, tu vida amorosa o tus oportunidades profesionales.

Necesitarás:

- Una hoja de papel y un bolígrafo.
- Un bol de vidrio transparente poco profundo.
- Trozos de un árbol caído y/o un ágata musgo.
- Agua filtrada.
- Agua de rosas.
- Una doradilla seca.
- Fotografías, una tarjeta de visita y un billete de dólar (o de otra moneda) (opcional).

1. Reúne todos los elementos en una habitación apropiada en función de tus intenciones; por ejemplo, el dormitorio para un objetivo amoroso, el baño para un objetivo relacionado con la belleza o el despacho para un objetivo económico o profesional. Empieza con el ejercicio de conexión a tierra (*grounding*, pág. 65) e intenta imaginar cómo la doradilla se va abriendo de par en par a medida que tu conexión con la tierra se va haciendo más profunda.

2. Escribe aquello que te gustaría ver crecer en un pequeño trozo de papel cuadrado y firma con tu nombre. Si estás tratando de hacer que prospere la relación con alguien, a nivel personal o empresarial, también puedes poner su nombre. Coloca el papel debajo del bol con las palabras hacia arriba. Además, puedes añadir una tarjeta de presentación para tu nuevo emprendimiento empresarial o para la empresa que esperas que te contrate, o una fotografía de la persona con la que quieres tener una buena relación.

3. Pon una sola piedra en el bol o cubre el fondo con varias piedras. El *ágata musgo* es la piedra del desarrollo, especialmente en cuanto a los asuntos económicos y profesionales, y es un filtro de agua natural. El *ágata árbol* es la piedra de la prosperidad de las relaciones y las familias, y también fomenta que vengan personas que se encuentran lejos.

4. Vierte un poco de agua en el recipiente, de tal modo que quede una capa poco profunda, y añade un chorrito de agua de rosas para obtener bendiciones y energía positiva. A continuación, pon la doradilla en el recipiente, de tal manera que sus raíces queden cubiertas por el agua. Todos los días, durante siete días, cambia el agua por agua filtrada nueva y usa el agua vieja para regar otras plantas, para obtener un producto de limpieza o para pulverizarla en el hogar o el lugar de trabajo. Después del séptimo día, deja que la doradilla se seque y permanezca inactiva durante tres días. Repite este hechizo tantas veces como necesites.

Tener en cuenta la luna en las actividades de jardinería u horticultura

La fuerza de la Luna respecto a las mareas afecta a toda el agua de la Tierra, y esto incluye el agua del suelo y el aire. Las tablas siguientes pueden ayudarte a aprovechar la energía lunar para favorecer la salud de tus plantas y obtener mayores cosechas.

Fase de la luna	Consejos de jardinería u horticultura
 Luna nueva	En la luna nueva, la fuerza de las mareas atrae el agua hacia arriba y hace que entre en las semillas, y la luz de la luna cada vez más intensa ayuda a equilibrar el crecimiento de las raíces y las plantas.
 Luna creciente	La mayor humedad presente en el suelo hace que el período que se extiende entre la luna nueva y la luna llena sea un buen momento para plantar semillas de plantas que fructifican sobre el suelo, como las fresas, y flores anuales.
 Luna llena	La fuerza de la marea vuelve a estar alta, pero la luz de la luna menguante incide más en las raíces. Planta bulbos y flores bienales y perennes. Este también es un momento favorable para los trasplantes.
 Luna menguante	A medida que se va acercando la luna nueva, ocúpate de podar, recolectar y fertilizar el suelo. Este es también un buen momento para descansar antes de que el ciclo vuelva a iniciarse.

Además, la Luna entra en una fase astrológica distinta cada dos días y medio, y este factor también puede tener efectos en tu huerto o jardín. (Puedes encontrar en qué signo zodiacal se halla la Luna cada día en el Almanaque del Granjero o en los calendarios astrológicos lunares que se pueden encontrar en Internet; recomiendo el Lunarium).

Elemento astrológico	Consejos de jardinería u horticultura
Fuego	Estos días son calurosos, secos y áridos. En los días de fuego, ocúpate de deshierbar, controlar las plagas y enlatar los frutos que has recolectado.
Agua	Estos días son especialmente propicios para el crecimiento, y las plantas aprovecharán mejor el agua. Los días de agua también son excelentes para podar y trasplantar con el fin de estimular el crecimiento.
Aire	Estos son días apropiados para deshierbar, labrar y recoger hierbas para dejarlas secar.
Tierra	Estos son los días más fructíferos y son perfectos para plantar árboles, arbustos y enredaderas, así como tubérculos y plantas culinarias. Virgo, sin embargo, es estéril y proporciona tiempo para descansar.

Capítulo 6

Sanar con hierbas y hojas

Las hierbas son pequeñas plantas perennes y bienales que suelen desprender un aroma maravilloso y aportar mucho sabor. Pueden mezclarse en inciensos y hechizos o usarse para incorporar su energía a las comidas y bebidas.

Albahaca

Nombre botánico: *Ocimum basilicum.*

Elementos: fuego y agua.

Correspondencias astrológicas: Marte; Aries y Escorpio.

Chakra: el del corazón.

Energías: riqueza, éxito, belleza, suerte, amor, protección, felicidad, suerte en los viajes, reconciliación.

Usos mágicos: la albahaca es una de las primeras hierbas que se recomiendan a las brujas noveles porque es fácil de cultivar, recolectar o comprar, y es muy útil en la práctica de la magia. Su energía es generalmente positiva, y es apropiada para atraer dinero y el amor. Ten una planta de albahaca junto a la puerta de entrada para asegurarte de tener siempre el mejor aspecto posible cuando salgas de casa.

Romero

Nombre botánico: *Rosmarinus officinalis.*

Elementos: aire y fuego.

Correspondencias astrológicas: el Sol y la Luna; Libra y Leo.

Chakras: el del corazón, el del tercer ojo y el del plexo solar.

Energías: rememoración, limpieza, fuerza, virtud, sabiduría, protección, erradicación, hogar, antepasados, herramientas mágicas de limpieza, amor.

Usos mágicos: el romero es la joya del Mediterráneo; en Italia se dice que crece cerca de las casas en las que hay muchas mujeres fuertes. Se ha asociado con la memoria y la rememoración; Shakespeare declaró que el romero es bueno para los recuerdos. También se puede incorporar a los baños, bolsas mojo y mezclas de incienso para honrar y recordar a los difuntos.

Alfalfa

Nombre botánico: *Medicago sativa.*

Elemento: tierra.

Correspondencias astrológicas: Venus y Júpiter; Tauro.

Chakra: el del corazón.

Energías: magia de conejo, prosperidad, buena suerte, conexión a tierra, protección contra el hambre y la pobreza, abundancia, sanación de la tierra, crecimiento, velocidad.

Usos mágicos: la alfalfa es uno de los cultivos más antiguos del mundo. Su nombre significa 'padre de los alimentos', ya que alimenta a la mayor parte del ganado. Se puede quemar, llevar encima o añadir a productos de limpieza y aerosoles para estimular el flujo del dinero y evitar pasar hambre.

Hierba de cinco dedos

Nombre botánico: *Potentilla.*[*]

Elementos: aire y agua.

Correspondencias astrológicas: Venus y Urano; Géminis.

Chakras: el del corazón y el del plexo solar.

Energías: manifestación, buena suerte, atracción de dinero, protección, desamarre, Beltane, rotura de maleficios, amor, creatividad, liberación, rebeldía, atracción, sueños, adivinación.

Usos mágicos: también conocida como cincoenrama, la hierba de cinco dedos se usa para atraer bendiciones, ya tengan que ver con el amor, el dinero, la sabiduría, la protección o la alegría. La planta seca se puede usar como talismán o como parte de inciensos y el aceite se puede incorporar a productos de lavado de manos y limpieza del hogar, velas y lámparas de aceite para atraer lo que se está buscando.

Laurel^{**}

Nombre botánico: *Laurus nobilis.*

Elemento: fuego.

Correspondencias astrológicas: el Sol; Leo.

Chakras: el del plexo solar y el del tercer ojo.

---

* *Potentilla* es un género de plantas perteneciente a la familia *Rosaceae*. Muchas de sus especies tienen hojas divididas en cinco folíolos distribuidos como los dedos de una mano. (Fuente: Wikipedia). (N. del T.)

** Otro nombre: lauro. (N. del T.)

Energías: victoria, dinero, confianza, deseos, protección, empoderamiento, adivinación, magia onírica, éxito, empoderamiento para varones jóvenes, sanación, limpieza espiritual.

Usos mágicos: las hojas de laurel son herramientas mágicas potentes. Quemadas solas o en mezclas de inciensos y llevadas encima como talismanes, atraen la buena suerte y bendiciones a la vez que protegen de lo que es negativo o aterrador. Escribe un deseo en una hoja de laurel y quémala para asegurarte de que el deseo se haga realidad.

Agripalma

Nombre botánico: *Leonurus cardiaca.*

Elemento: agua.

Correspondencias astrológicas: Venus; Leo.

Chakras: el del corazón y el sacro.

Energías: protección, empoderamiento de la mujer, sanación, nutrición, sanación espiritual, viajes astrales, alivio de la ansiedad, confianza, longevidad.

Usos mágicos: también conocida como *mano de santa María,* es la «mamá» entre las plantas mágicas. Su energía nutritiva, sanadora y empoderadora es excelente en los baños, las bolsitas y los inciensos. Úsala en hechizos que tengan como finalidad sanar enfermedades físicas y emocionales o hacer que quienes sufren se sientan menos solos.

---

* Otros nombres: cardíaca, cola de león, corazón duro, corazón real, ortiga borde. (N. del T.)

Hierba gatera*

Nombre botánico: *Nepeta cataria*.

Elemento: agua.

Correspondencias astrológicas: Venus y la Luna.

Chakras: el del tercer ojo, el del corazón y el sacro.

Energías: encanto, fascinación, magia felina, amor, atracción, belleza, claridad, sueño, magia onírica, adivinación.

Usos mágicos: la hierba gatera está asociada a la luna, la noche y la fantasía. Es excelente en tés, baños, inciensos y mezclas para fumar con el fin de atraer el amor, hacer que seas más encantadora a ojos de los demás o asentarte en la mentalidad adecuada para la práctica de la magia. La hierba gatera puede ayudarte a aprovechar la magia de los gatos y a atraer un animal familiar.

Manzanilla

Nombres botánicos: *Matricaria chamomilla, Chamaemelum nobile.*

Elemento: agua.

Correspondencias astrológicas: el Sol; Leo.

Chakra: el de la garganta.

---

* Otros nombres: hierba de los gatos, menta gatuna, albahaca de gatos, gatera, gataria, nébeda. (N. del T.)

Energías: dinero, sueño, buena suerte, amor, purificación, relajación, protección, rotura de maleficios, salud, protección durante el sueño.

Usos mágicos: puedes añadir la manzanilla a los baños y las mezclas de incienso para que te ayude a dormir en paz y sin verte perturbada por entidades espirituales o pesadillas. Su disposición alegre es perfecta para atraer buena suerte y dinero, disolver la oscuridad y aportar sanación física y emocional.

Hierba limón (*lemongrass*)

Nombre botánico: *Cymbopogon nardus*.

Elemento: aire.

Correspondencias astrológicas: Mercurio; Géminis.

Chakra: el de la garganta.

Energías: purificación, poder psíquico, suerte, protección, apertura de caminos, desenredo, Mercurio retrógrado, magia onírica, lujuria, romance, limpieza, erradicación.

Usos mágicos: la hierba limón y su derivado, la citronela, son óptimos para desvanecer la confusión, suavizar la energía caótica, y abrir vías y canales de comunicación. Es por eso por lo que es un ingrediente fundamental en el aceite *van van*, uno de los aceites para aderezo más utilizados en el *hoodoo*. La hierba limón se puede incorporar a aceites, baños y mezclas de incienso y es especialmente eficaz cuando Mercurio está retrógrado.

Consuelda

Nombre botánico: *Symphytum officinale.*

Elemento: agua.

Correspondencias astrológicas: Saturno; Capricornio.

Chakra: el raíz.

Energías: protección del viajero, buena suerte, protección, conexión a tierra, atraer dinero, aferramiento a lo que se tiene, estabilidad, resistencia.

Usos mágicos: la consuelda tiene un gran poder sanador en el ámbito físico como parte de bálsamos y cataplasmas, y en el terreno de la magia, aporta protección y buena suerte. Emplea las hojas secas y las raíces en hechizos destinados a atraer dinero o conservarlo, vender una casa o conseguir un trabajo en un lugar lejano. Si te frotas un ungüento de consuelda en los pies, ello puede ayudarte a sentirte conectada a tierra y a encontrar tu camino en un territorio desconocido.

Llantén

Nombre botánico: *Plantago.*

Elemento: tierra.

Correspondencias astrológicas: Venus y Mercurio; Tauro.

Chakras: el sacro, el de la garganta.

Energías: curación, fuerza, protección, fertilidad, invisibilidad, belleza, energía.

Usos mágicos: el llantén es una hierba increíblemente prolífica en todo el mundo que suele considerarse un hierbajo o una hierba invasiva. Crece en los campos y aparcamientos, y entre las grietas de las aceras. En realidad, es una hierba muy buena para curar la piel de erupciones, mordeduras y cardenales, y se puede utilizar para aportar un toque extra de energía mágica a cualquier hechizo.

Hierba de San Juan (hipérico)*

Nombre botánico: *Hypericum perforatum*.

Elemento: fuego.

Correspondencias astrológicas: el Sol; Leo.

Chakra: el del plexo solar.

Energías: sanación, adivinación, felicidad, solsticio de verano, magia meteorológica, protección.

Usos mágicos: la hierba de San Juan es otra hierba que se ha estado utilizando con fines medicinales durante siglos para todo, desde aliviar la depresión hasta calmar el dolor aplicándola sobre la piel. En el campo de la magia, es uno de los principales símbolos solares y se incluye en las hogueras e inciensos con los que se celebra el solsticio de verano. Se puede preparar como infusión o quemar como incienso.

---

* Otros nombres: hipericón, corazoncillo. (N. del T.)

Menta

Nombre botánico: *Mentha*.

Elemento: aire.

Correspondencia astrológica: Tauro.

Chakras: el de la garganta y el del tercer ojo.

Energías: suerte, dinero, sanación, felicidad, viajes, hechizos energizantes, prosperidad, claridad mental, eliminación de maleficios, comunicación, expresión personal, despejar el camino.

Usos mágicos: aunque cada menta tiene sus propiedades, todas están conectadas con el dinero y la prosperidad, los viajes y la comunicación. La menta tiene muchos usos fresca, seca o como aceite; por ejemplo, se puede incorporar a los baños o puede ser un componente de inciensos y aerosoles para habitaciones. Algunas mentas tienen un fuerte olor a mentol, el cual es ideal para eliminar los bloqueos espirituales y emocionales que impiden que las intenciones de la persona se hagan realidad.

Verbena

Nombres botánicos: *Verbena officinalis*, *Verbena hastata*.*

Elemento: agua.

Correspondencias astrológicas: Venus; Géminis.

Chakras: el sacro y el del tercer ojo.

---

* La *Verbena officinalis* (verbena común o hierba sagrada) es una hierba perenne nativa del sudeste de Europa, de la familia *Verbenaceae*. La *Verbena hastata*, perteneciente a la misma familia, es nativa de América del Norte (Estados Unidos y Canadá). (N. del T.)

Energías: protección, purificación, amor, sueño, estudio, sanación, lujuria, solsticio de verano, inspiración, magia onírica, pasión, adivinación.

Usos mágicos: la verbena proporciona protección, amor, purificación y claridad mental. Se puede preparar como infusión y añadirse a los baños o quemarse en mezclas de incienso. Las energías de la artemisa y la verbena son muy complementarias y son muy utilizadas para representar el día (verbena) y la noche (artemisa) de los solsticios. En la serie *Crónicas vampíricas*, la verbena protege contra los vampiros; este dato refleja que esta planta tiene la capacidad de proteger a las brujas y que está asociada con la sexualidad.

Pachulí

Nombre botánico: *Pogostemon cablin*.

Elemento: tierra.

Correspondencias astrológicas: Saturno; Capricornio.

Chakras: el del corazón, el sacro y el raíz.

Energías: conexión a tierra, magia de la tierra, riqueza, lujo, sensualidad, atracción del amor, fertilidad, crecimiento, sanación sexual, coraje.

Usos mágicos: tanto si lo amas como si lo odias, el pachulí es la hierba que más encarna la energía terrestre. Tanto la planta como el aceite esencial huelen a tierra fresca, lo cual hace que el pachulí sea perfecto para la conexión a tierra y el crecimiento. El pachulí es habitual en los hechizos de amor y sensualidad, pero solo es efectivo si a ambas personas les gusta su aroma.

Las hierbas y hojas
en la práctica

Aceite van van

Esta mezcla de aceites es una de las más versátiles que encontrarás en tu práctica. Esta fórmula *hoodoo* funciona para expulsar, abrir, limpiar, atraer, manifestar y ungir en general. Hará lo que quieras por ti. El nombre *van* procede de *vervain* ('verbena'), aunque la planta en sí rara vez se incluye en la receta. A mí me gusta incorporar un trocito de verbena seca a la botella como reconocimiento a su nombre tradicional.

Necesitarás:

- 90 ml de aceite de almendras dulces.
- 9 gotas de aceite esencial de hierba limón.
- 7 gotas de aceite esencial de citronela.
- Una botella de vidrio.
- 1 trocito de verbena seca.
- Aceites de vetiver, palmarosa, jengibre y vitamina E, y un cristal de pirita (opcional).

1. Mezcla el aceite de almendras dulces con los aceites esenciales de hierba limón y citronela en una botella de vidrio limpia. Pon más o menos cantidad de cada aceite según tu preferencia.

2. Incorpora el trocito de verbena seca, enrosca la tapa y agita bien la mezcla.

    Opcional: la fórmula original incluía aceites de vetiver, palmarosa y jengibre procedentes de hierbas ornamentales, pero actualmente es difícil encontrarlos y son muy caros. También puedes incorporar un trozo seco de cada hierba para incluir la energía de las plantas. El aceite de vitamina E evita que los aceites esenciales y portadores se corrompan, por lo que me gusta añadir unas gotas de este a todas las mezclas que hago. Una mezcla comercial de aceite *van van* de Lucky Mojo Curio Co. incluye un pequeño trozo de pirita y una hoja de hierba limón, que constituyen unas adiciones excelentes.

Té para la resaca psíquica

Tanto las personas psíquicas noveles como las experimentadas pueden sufrir una resaca psíquica después de ejercitar el «músculo psíquico» durante demasiado tiempo. Esta mezcla especial y reconstituyente incluye té negro, que es energizante, y hierbas que tienen el efecto de despejar la mente y relajar. Con esta receta obtendrás bastantes tazas de té, para que siempre puedas tener un poco a mano cuando lo necesites. Puedes prepararlo en una tetera y tomarlo, o mantenerlo refrigerado y guardarlo para más tarde.

Necesitarás:

- Una tetera.
- 6 cucharaditas de té negro.
- 2 cucharaditas de escaramujos.
- 2 cucharaditas de manzanilla.
- 2 cucharaditas de menta.
- 1 cucharadita de lavanda.
- Un infusor de bola metálico para té o bolsitas de té rellenables.
- Tu taza para té y tu platito favoritos.
- Un bote o una bolsa para guardar el té sobrante.
- Miel o azúcar, leche y hielo (opcional).

1. Combina las hierbas y pon una cucharadita colmada de la mezcla en el infusor de bola o en las bolsitas rellenables por cada vaso de agua caliente.

2. Deja reposar el té durante tres minutos y pruébalo. Si quieres, puedes añadir más hojas de té o agua, miel o azúcar para endulzar, o leche. Tómate tu tiempo para disfrutar de tu té.

3. Ahora que tienes una buena taza de té de brujas preparada, sería una pena que no mirases las hojas. Deja las hojas de té sueltas en la taza mientras bebes, asegurándote de no tragarte ninguna. Cuando te quede un solo sorbo, sostén la taza con la mano izquierda y haz tu pregunta. Pon la taza bocabajo sobre el platito, girándola para que el asa quede a la derecha. Al cabo de un minuto aproximadamente, levanta la taza y busca símbolos como animales, números, criaturas míticas, letras y objetos significativos para deducir el mensaje.

Bálsamo curativo a base de hierbas

Este es un ungüento curativo que es especialmente bueno para todo tipo de heridas que pueda sufrir una bruja, como cortes, cardenales, sequedad cutánea, labios agrietados, dolores de cabeza y picaduras de insectos.

Antes de hacer el bálsamo tendrás que macerar las hierbas en aceite de oliva.

Desde una perspectiva mágica, este ungüento contiene flores y hierbas mágicas que tienen un gran efecto protector y sanador y actúan juntas en favor del equilibrio de todos los chakras. También ofrecen magia y protección en los viajes, por lo que es bueno que te lleves este bálsamo cuando te vayas de vacaciones.

Necesitarás:

- 30 g de hierbas secas (hojas de consuelda, flores de caléndula, llantén e hipérico a partes iguales).

- Balanza de cocina pequeña (opcional).

- Un tarro de vidrio de 475 ml.

- Un vaso de aceite de oliva virgen extra.

- Un colador y estopilla.

- Un trozo de cera de abeja de 30 g.

- Un hervidor doble o un cazo.

- Una cuchara de madera.

- Un vaso medidor.

- De 15 a 20 gotas de aceite esencial de lavanda, árbol de té o citronela (o una combinación de estos).

- Tarritos de vidrio (de entre 60 y 120 ml de capacidad) o botes de aluminio (de 30 ml) para almacenamiento.

- Aceite de vitamina E (opcional).

1. Combina las hierbas secas (las hojas de consuelda, las flores de caléndula, el llantén y el hipérico) hasta reunir 30 gramos. Es mejor usar una balanza de cocina de pequeño tamaño para realizar esta operación. Mete las hierbas en el tarro de vidrio y vierte el aceite de oliva por encima de estas poco a poco, hasta que llegue al borde del frasco. Asegúrate de que todas las hierbas estén bien empapadas, cierra el frasco y ponlo en el alféizar de una ventana en la que dé el sol durante un período de tres a seis semanas.

2. Cuela la mezcla de aceite y hierbas a través de un colador forrado con estopilla y exprime cualquier líquido que quede en las hierbas. Esto ya es un ungüento que podría utilizarse, pero lo usaremos como base para nuestro bálsamo.

3. Derrite la cera de abeja al baño maría en un hervidor doble o en un cazo a fuego muy lento, asegurándote de que no se queme. Una vez que la cera se haya derretido, añádele el aceite y deja que se caliente un rato para que todo quede bien mezclado; remueve con la cuchara de madera. Traslada la mezcla a un vaso medidor de vidrio, con cuidado.

4. Añade entre quince y veinte gotas de un aceite esencial antiséptico, como lavanda, árbol de té o citronela, y remueve un poco.

5. Vierte el bálsamo en los tarritos de vidrio o los botes de aluminio para guardarlo y dejar que se solidifique. Debería mantenerse en buen estado entre seis y nueve meses, o hasta un año, si le añades aceite de vitamina E.

Pata del conejo de la luna, para tener suerte

Devuelve a la vida una pata de conejo de la suerte falsa invocando al legendario conejo de la luna, que está ocupado mezclando el elixir de la vida en su mortero para la diosa de la luna. Este método añade energía mágica a esta baratija *kitsch* sin lastimar a ningún conejo.

Necesitarás:

- Una imitación de pata de conejo o pelaje falso para hacerte una.

- Unas tijeras.

- Albahaca y alfalfa secas, y pachulí seco.

- Una pequeña piedra de luna.

- Pegamento para tela o hilo y aguja.

- Guata de algodón, un jade y piel de conejo que se haya desprendido de forma natural (opcional).

1. Sin duda has oído decir que la cara de la luna llena parece un rostro humano; sin embargo, en algunas culturas del mundo es un conejo lo que ve la gente. Los conejos son inteligentes, rápidos y traen suerte, y siempre saben cuándo es el momento de «escarbar la madriguera».

2. Utiliza las tijeras para hacer un agujero en un costado de la pata de conejo que sea lo suficientemente ancho como para poder sacar parte de la guata con el fin de hacer espacio para las hierbas y la piedra.

3. Mete una pizca de cada una de las hierbas en el agujero, una tras otra, mientras te concentras en el propósito que tienen en el hechizo:

- La albahaca es para la suerte, el amor y la magia.
- El pachulí es para el enraizamiento y el confort.
- La alfalfa (la hierba de los conejos) es para la buena suerte y para asegurarte de que nunca pasarás hambre.

4. Mete la piedra de luna en el interior también, para aportar la energía sanadora y mágica de la luna, y pega o cose el agujero cuando hayas terminado. Lleva contigo este amuleto como harías con una pata de conejo de la suerte, especialmente cuando estés de viaje.

Opcional: en China, al conejo de la luna también se lo denominaba *el conejo de jade*, y dado que el jade es una piedra de la buena suerte, constituye una gran aportación a este hechizo. Si tienes un conejo como mascota, puedes recoger una pequeña cantidad de pelo que se desprenda al cepillarlo, pero primero debes pedírselo.

Hechizo de vela de Nightingale para una sanación rápida

Este hechizo recibe este nombre (Nightingale) en honor a la pionera de la enfermería moderna, y está destinado a aliviar y sanar a cualquier persona que se esté recuperando de una enfermedad o lesión, o de un desengaño amoroso.

Lo que aquí se presenta es un procedimiento clásico de hechizo de vela que se puede adaptar para cualquier propósito cambiando el color de la vela y los tipos de hierbas y aceites utilizados. Enciende esta vela en la habitación de la persona que se esté recuperando, un rato todos los días. Si padece una enfermedad prolongada, puedes hacer el hechizo con una vela de siete días muy grande o con una vela votiva o un cirio, si necesitas proceder con urgencia.

Necesitarás:

- Una vela pilar blanca.
- Algo que sirva para tallar una vela, como un clavo o un mondadientes.
- Aceite *van van* u otro aceite de aderezo.
- Una pizca de fucus seco.
- Una pizca de agripalma seca.
- Un portavelas de cristal.

1. Graba el nombre de la persona destinataria de la vela en un lado de esta, desde la base hasta la mecha, y luego por el otro lado, desde la mecha hasta la base.

2. Ponte unas gotas del aceite *van van* (o un poco del aceite de tu bálsamo curativo) en la mano y unta la vela, en sentido ascendente por un lado y descendente por el otro.

Esta acción da lugar a un ciclo de energía en movimiento con el objetivo de que nada se pueda estancar, ya que el *van van* limpia y desbloquea.

3. Espolvorea una pizquita de fucus y agripalma por toda la vela; así podrán aportar sus poderes sanadores y reconfortantes, como lo hace un tazón de sopa de pollo con fideos casera.

4. Mete la vela en el portavelas de cristal. Enciéndela un rato todos los días para acelerar el proceso curativo y pronuncia esta invocación: «Que la dama de la lámpara te cuide y te conceda los dones de la salud y el bienestar».[*]

5. Quema toda la vela, para contribuir así a eliminar cualquier energía residual o rastro de la enfermedad. Cuando toda la cera se haya fundido, tira los restos a la basura con la intención de que la persona quede libre de esa enfermedad para siempre.

---

[*] Florence Nightingale, la pionera de la enfermería moderna que «presta» su nombre a este hechizo, era conocida como «la dama de la lámpara». (N. del T.)

Capítulo 7

La sabiduría de la madera

Los árboles son vitales para nuestra supervivencia y nuestro desarrollo espiritual. Con una esperanza de vida de miles de años, estos viejos ancestros nos imparten la sabiduría de las edades.

Madera y árboles

Los árboles, maderas y resinas que se presentan a continuación, quince en total, marcan la entrada al mundo de la magia.

Abedul

Nombre botánico: *Betula*.

Elementos: agua y fuego.

Correspondencia astrológica: la Luna.

Período que abarca en el horóscopo celta: del 24 de diciembre al 20 de enero.

Energías: crecimiento, renovación, creatividad, protección, nuevos comienzos, atracción, iniciación, espiritualidad, escritura, mantenimiento de registros.

Usos mágicos: el abedul ocupa el primer lugar en el calendario celta de los árboles y simboliza la renovación, los nuevos comienzos y la protección. Las ramitas y ramas del abedul se utilizan para hacer escobas y decorar altares, y su madera se quema para que traiga prosperidad en el nuevo año. La delgada corteza del abedul se asemeja al papel y se puede usar para escribir hechizos e invocaciones.

Roble

Nombre botánico: *Quercus*.

Elemento: tierra.

Correspondencia astrológica: el Sol.

Período que abarca en el horóscopo celta: del 10 de junio al 7 de julio.

Energías: adivinación, manifestación, sanación, victoria, prosperidad, fuerza, druidismo, responsabilidad, magia de las hadas.

Usos mágicos: el poderoso roble es considerado el padre de todos los árboles y del bosque. En la práctica druídica moderna, el roble es el árbol más sagrado. Los robles crecen en arboledas que, según se dice, albergan reuniones mágicas clandestinas tanto de humanos como de hadas. Las bellotas se llevan como talismanes para obtener protección y favorecer la fertilidad, y para estimular el incremento de la prosperidad durante muchos años.

Árbol del incienso/olíbano

Nombre botánico: *Boswellia sacra*.

Elementos: aire y fuego.

Correspondencia astrológica: el Sol.

Energías: purificación, protección, meditación, exorcismo, desarrollo espiritual, felicidad, riqueza, celebración espiritual.

Usos mágicos: el olíbano* es un incienso hecho con la resina del árbol del incienso, que hace miles de años que se produce y comercializa. Mucha gente sabe que el incienso aromático

---

* Otros nombres: *frankincense*, frankincienso, lágrima. (N. del T.)

es uno de los obsequios que los Reyes Magos le hicieron al niño Jesús. Hoy en día, este incienso sigue utilizándose para favorecer el desarrollo espiritual, la protección y la purificación, y para bendecir. El árbol que produce esta resina pertenece a la misma familia que el que produce la mirra (otro regalo bíblico), el que genera el copal y el palo santo (árbol cuya aromática madera se utiliza a modo de incienso); todos estos elementos están muy presentes en prácticas espirituales de todo el mundo.

Castaño de Indias

Nombre botánico: *Aesculus hippocastanum*.

Elemento: fuego.

Correspondencia astrológica: Júpiter.

Energías: armonía, dinero, paz, salud, suerte, amor, lujuria, esperanza, longevidad, intuición, conexión a tierra, equinoccio de otoño, seguridad.

Usos mágicos: este hermoso árbol no es un verdadero castaño, ¡así que no tuestes sus frutos en una chimenea!* Alrededor del equinoccio de otoño, el castaño de Indias deja caer grandes semillas envueltas en vainas puntiagudas llamadas *castañas de Indias*, que se llevan encima o colgadas como talismanes para favorecer la suerte, el amor y la atracción. El árbol se ha convertido en un símbolo de seguridad y comodidad en el hogar y de la esperanza eterna de que el futuro sea mejor.

---

* Puedes enfermar si ingieres el fruto del castaño de Indias, pero puedes tocarlo sin problema. (N. de la A.)

Arce azucarero

Nombre botánico: *Acer saccharum.*

Elemento: aire.

Correspondencias astrológicas: Júpiter y Neptuno.

Energías: atracción, dulzura, amor, fuerza, logros deportivos, energía, volar, viajar, cambio, prosperidad, música, ánimo positivo.

Usos mágicos: hay más de cien variedades de arce, pero la más conocida y utilizada es el arce azucarero, que es el origen del sirope de arce y el símbolo de Canadá. Las hojas del arce se pueden usar en el ámbito de la magia para atraer dinero y prosperidad, las ramas se pueden convertir en varitas, las semillas se pueden llevar como talismanes y el sirope de arce se obtiene de la savia; este sirope o jarabe contiene todas las propiedades mágicas que he sintetizado, más la energía de la atracción.

Secuoya

Nombre botánico: *Sequoioideae.*

Elemento: fuego.

Correspondencia astrológica: Júpiter.

Energías: abundancia, prosperidad, sabiduría, longevidad, inmortalidad, crecimiento, magia de la tierra, equilibrio, avance espiritual, innovación, conexión espiritual, protección.

Usos mágicos: las gigantescas secuoyas del norte de California son los árboles más grandes del mundo y pueden vivir miles de años. Con la madera se pueden hacer hermosas varitas, mientras que las piñas se pueden usar como talismanes o ingredientes en mezclas de hierbas. La capacidad de la secuoya de llegar, aparentemente, hasta el cosmos hace que sea una maravillosa aliada para la conexión y el crecimiento espirituales.

Pino

Nombre botánico: *Pinus.*

Elementos: fuego y aire.

Correspondencia astrológica: Saturno.

Energías: limpieza espiritual, sabiduría, abundancia, salud, fertilidad, fortuna, amor, protección, calidez y comodidad, celebración, solsticio de invierno, armonía con la naturaleza.

Usos mágicos: todos los pueblos indígenas de América del Norte reconocieron el pino como un árbol importante, y aunque las asociaciones varían de una tribu a otra, es considerado como un símbolo de protección, espiritualidad y sabiduría. Las ramas y agujas del pino se pueden añadir al incienso o a los manojos de hierbas que se encienden por un extremo para efectuar limpiezas energéticas, mientras que las piñas se pueden quemar en hogueras o se pueden llevar como talismanes para la salud y la fertilidad.

Fresno

Nombre botánico: *Fraxinus*.

Elementos: éter y todos los demás.

Correspondencias astrológicas: Neptuno, el Sol.

Período que abarca en el horóscopo celta: del 18 de febrero al 17 de marzo.

Energías: el árbol del mundo, amor, prosperidad, protección, justicia, magia onírica, fuerza, armonía con la naturaleza, nacimiento, magia de las hadas, conexión con otros mundos.

Usos mágicos: tradicionalmente, los palos de las escobas de las brujas se hacían con madera de fresno, debido a lo resistente que es y a lo conectado que está este árbol con la totalidad del universo. Como árbol del mundo, el fresno nos conecta con la naturaleza, el cosmos, los vivos, los muertos y lo mágico.

Sauce blanco[*]

Nombre botánico: *Salix alba*.

Elemento: agua.

Correspondencia astrológica: la Luna.

Período que abarca en el horóscopo celta: del 15 de abril al 12 de mayo.

---

[*] Otro nombre: salguero. La denominación *sauce*, sin más, también hace referencia a este árbol. (N. del T.)

Energías: magia lunar, sanación, alivio del dolor, meditación, magia, creatividad, inspiración, amor, tranquilidad, crecimiento, renovación, mediumnidad, seguridad, magia onírica, claridad mental, fascinación, adivinación, unión.

Usos mágicos: el sauce es otro árbol sagrado de la época de los druidas y el símbolo máximo de la luna aquí en la tierra. La corteza del sauce blanco se usa para hacer la aspirina, y sus usos mágicos incluyen la claridad mental, la sanación y el alivio del dolor. Se hacen varitas con las ramas de sauce gruesas, mientras que las ramas delgadas se usan para unir los filamentos de las escobas.

Drago (con sangre de dragón)

Nombres botánicos: *Dracaena cinnabari, Dracaena draco*.

Elemento: fuego.

Correspondencias astrológicas: Marte y Júpiter.

Energías: protección, buena suerte, activación, limpieza, rotura de maleficios, manifestación, amor, pasión.

Usos mágicos: recibe el nombre de *sangre de dragón* la resina de unas cuantas especies de drago autóctonas del norte de África y la península arábiga que tienen una savia de color rojo brillante. Esta resina se puede utilizar como pedazos sólidos, en polvo o en tintas y aceites. Es un activador potente y es buena tanto para alejar como para atraer.

Palo santo

Nombre botánico: *Bursera graveolens*.

Elementos: aire y fuego.

Correspondencia astrológica: Mercurio.

Energías: limpieza espiritual, ahuyentar espíritus, meditación, conexión espiritual, creatividad, suerte, pasión, sanación.

Usos mágicos: el palo santo es autóctono del Perú y pertenece a la misma familia de árboles que producen las resinas incienso, mirra y copal. Los incas y otros pueblos indígenas de América del Sur lo consideran un árbol sagrado. Su madera se suele quemar a modo de varita limpiadora o en mezclas de incienso, y su aceite se puede incorporar a baños y velas. Para respetar el carácter sagrado de este árbol y preservar esta especie, solo se debería aprovechar la madera que haya caído de forma natural. La madera se suele almacenar unos cuatro años para que su aceite aromático pueda salir a la superficie.

Tejo

Nombres botánicos: *Taxus baccata*, *T. brevifolia*, *T. canadensis*.*

Elementos: éter y todos los demás elementos.

Correspondencias astrológicas: Saturno y Plutón.

---

* Estos nombres hacen referencia a distintas modalidades de tejo: el tejo común o negro, el tejo del Pacífico y el tejo canadiense o americano, respectivamente. (N. del T.)

Energías: tierra sagrada, muerte, renacimiento, transformación, ancestros, sabiduría, mediumnidad, magia onírica, poder psíquico, adivinación, solsticio de invierno.

Usos mágicos: quizá debido a su toxicidad o a que se lo asocia con la inmortalidad, el tejo es un árbol popular en los cementerios y patios de iglesias de las islas británicas. Se quema tanto para ahuyentar a los espíritus de los muertos como para facilitar la comunicación con ellos, ya que el tejo se extiende a ambos mundos. Se puede trabajar con la madera del tejo con seguridad, y se utiliza para hacer arcos de tiro, varitas y un conjunto de herramientas de adivinación llamado *duelas* (o *varitas*) *de Ogham*.

Manzano

Nombre botánico: *Malus*.

Elementos: agua y éter.

Correspondencia astrológica: Venus.

Energías: amor, adivinación, libertad, empoderamiento de la mujer, abundancia, bendiciones, sanación, los elementos, conocimiento, sabiduría, muerte, fertilidad, magia, equinoccio de otoño, Samhain, atracción, bendiciones, belleza.

Usos mágicos: el manzano ofrece la madera con la que se hacen tradicionalmente las varitas de las brujas, ya que se considera un verdadero símbolo de la magia. El fruto del árbol ha resultado tentador, durante miles de años, en cuanto fruto de los muertos, del conocimiento, de los dioses, de la vida, de las bendiciones y de las maldiciones. Las manzanas también han sido herramientas adivinatorias populares en el ámbito del amor. En Halloween, cómete una manzana fresca frente al espejo, a la medianoche, para ver el rostro de tu futuro amor, o pela la piel de una manzana en espiral y tírala sobre tu hombro derecho: esa piel debería tomar la forma de la primera letra del nombre de tu futuro amor.

Higuera/higuera sagrada

Nombres botánicos: *Ficus religiosa* (higuera sagrada), *Ficus carica* (higuera).

Elemento: éter.

Correspondencias astrológicas: Neptuno y Saturno.

Energías: iluminación, fertilidad, sanación, magia meteorológica, sabiduría, protección, conexión a tierra, adivinación, sexualidad, amor.

Usos mágicos: la higuera y el higo son otro árbol y otro fruto asociados con la sabiduría y el conocimiento divino. La higuera sagrada es venerada en la India, ya que Buda alcanzó la iluminación mientras meditaba bajo un gran ejemplar de este árbol, conocido actualmente como el árbol Bodhi. En el Mediterráneo, el fruto de la higuera es símbolo de amor, sexualidad y fertilidad, y el aroma y el sabor de los higos son habituales en las pociones y hechizos de amor.

Sándalo

Nombre botánico: *Santalum album*.

Elemento: agua.

Correspondencia astrológica: la Luna.

Energías: amor, vidas pasadas, protección, sanación, sensualidad, belleza, meditación, deseos, limpieza espiritual, iluminación, conexión a tierra.

Usos mágicos: la exquisita fragancia del sándalo es bienvenida en espacios espirituales de todo el mundo. La madera se quema como incienso sagrado y el aceite se usa para consagrar objetos, así como en baños y perfumes. La madera a menudo se talla en cuentas para hacer *malas*, o collares de oración, que se emplean con fines meditativos. Esta madera blanca está asociada con la luna y su energía espiritual calmante.

Las maderas y árboles
en la práctica

Incienso de árboles sagrados

Combinar mezclas de incienso es una forma muy creativa y gratificante de trabajar con los árboles y hierbas mágicos. Es un proceso muy intuitivo, en el que debes elegir las cantidades exactas de cada componente en función de lo que te guste o necesites más.

Necesitarás:

- Resina de olíbano.

- Resina de drago con sangre de dragón.

- Un mortero y una mano de mortero.

- Un bol para mezclar.

- Virutas de corteza de sauce blanco.

- Virutas de palo santo.

- Corteza o resina de tu árbol del horóscopo celta (opcional).

- Aceite esencial de sándalo.

- Cerillas.

- Un disco de carbón vegetal y un pequeño plato o cuenco ignífugo.

- Un tarro de cristal para guardar el incienso.

1. Pon una pequeña cantidad de cada una de las resinas en el mortero y machácalas a la vez que se van mezclando, hasta obtener un polvo grueso. Deja algunos trozos enteros.

2. Pon las virutas de corteza de sauce blanco en el bol. Esta madera no desprende mucho olor al quemarse, por lo que puedes poner toda la que quieras. Este es un árbol lunar sagrado.

3. Pon las virutas de palo santo en el bol, pero recuerda que esta madera es muy olorosa. Desprende un aroma maravilloso pero fuerte que quema todo lo que no debería estar ahí.

4. Puedes añadir corteza o resina de tu árbol del zodíaco celta para personalizar la mezcla de incienso.

5. Espolvorea las resinas en polvo sobre el sauce y el palo santo y añade trozos enteros de estas también. Agrega cinco gotas de aceite de sándalo y mézclalo todo.

6. Quema el incienso obtenido sosteniendo una cerilla encendida junto al disco de carbón vegetal, hasta que el calor esté uniformemente expandido. Pon una pequeña cantidad de incienso en el disco y observa cómo sube el humo. Un poco rinde mucho, así que guarda el resto en un frasco de vidrio, para usarlo en futuros actos de magia o meditación.

Cómo hacer tu escoba de bruja

Una vez que hayas encontrado un buen trozo de fresno para el palo de tu escoba, es sorprendentemente fácil hacer una. Cuando hayas terminado, puedes dejar la escoba tal cual o decorarla a tu manera.

Necesitarás:

- Un manojo grande de inflorescencias secas de sorgo escobero.

- Una ramita fina y larga de sauce.

- Una tina o bañera grande con agua caliente.

- Madera de fresno (palo de 1,20 m de largo aprox. y 5 cm de grosor).

- Un rollo de cordel de cáñamo.

- Unas tijeras.

- Cera de abeja, aceites, pintura, herramientas para tallar o quemar madera, cuerdas o cintas de colores, ramas de hierbas frescas, dijes y cuentas, flores y enredaderas, ramas de abedul y tinta de sangre de dragón (opcional).

1. Remoja las inflorescencias secas de sorgo escobero y la ramita de sauce en una tina o bañera con agua caliente durante una noche, para que adquieran flexibilidad.

2. Dispón el palo de madera de fresno sobre una superficie plana grande. Corta un trozo de cordel de cáñamo del largo de tu antebrazo y otro del largo de todo tu brazo, y déjalos a un lado.

3. Alinea los filamentos de sorgo a unos diez centímetros de la parte inferior del palo; la parte inferior de los filamentos debe apuntar a la parte superior del palo (después los doblarás en sentido contrario). Sujeta firmemente los filamentos al palo con el trozo más corto de cordel de cáñamo.

4. Dobla con cuidado los filamentos de sorgo hacia el extremo inferior de la escoba y fíjalos firmemente en el mismo lugar con el cordel de cáñamo largo. Coloca la ramita de sauce alrededor de la parte exterior del cordel y átala firmemente para sellar tus intenciones.

5. Decora tu escoba como quieras una vez que esté completamente seca. Puedes cubrir la madera del palo con cera de abeja derretida para evitar que se deteriore. Si deseas obtener más información sobre las formas de usar tu escoba, consulta el libro *The Witch's Broom* [La escoba de la bruja], de Deborah Blake.

El as de bastos

Lo más difícil a la hora de hacer tu propia varita es encontrar una rama adecuada; tal vez tengas que caminar horas, o incluso semanas, por zonas boscosas. La madera de manzano es la que más se usa para hacer varitas, pero puedes aprovechar la de cualquier árbol que crezca en tu zona. Tú y tu entorno natural estáis vinculados, y este vínculo incluye los árboles.

Necesitarás:

- Papel y bolígrafo.
- Incienso de árbol sagrado y carbón vegetal para quemarlo.
- Una rama robusta de un árbol mágico, como el manzano o el sauce, que se haya desprendido de forma natural.
- Un cuchillo.
- Papel de lija.
- Cera de abeja, aceites, hilos o cintas de colores, pegamento, cristales, cuentas y dijes, alguna tela (opcional).

1. Agenda un día en el que puedas salir a pasear o caminar para buscar madera para tu varita. No olvides consultar lo que puedan decir las leyes que afectan a tu territorio y estar al día de las advertencias sobre venenos.

2. Piensa acerca del tipo de varita que quieres hacer o acerca de la utilidad que quieres darle. ¿Para qué la necesitas? Escribe tus pensamientos en un pequeño papel cuadrado y dóblalo en un cuadrado más pequeño.

3. Enciende un poco del incienso de árbol sagrado con el carbón vegetal y pon tu nota encima. Abre la ventana o sal

fuera con el incienso, e imagina que todos los árboles de la zona pasan a ser conscientes de tus deseos. Pasa el humo alrededor de ti para limpiar tu aura y conservar la energía de tu intención.

4. Enfócate en tu deseo de tener una varita mágica y deja que tu intuición te guíe hacia una rama caída de forma natural.

5. Limpia la rama, corta todas sus protuberancias y lija los bordes ásperos. Puedes quitar la corteza si lo deseas, pero tu varita puede tener el aspecto que elijas. Si quieres proteger la madera, derrite una pequeña cantidad de cera de abeja y frótala con cuidado sobre la varita con un paño suave, haciendo, así, que penetre en la madera.

6. Si eliges decorar la varita, puedes hacerlo con telas, amuletos y cuentas, tintas y pinturas mágicas, símbolos quemados en madera o cristales.

7. Quema más cantidad del incienso de árbol sagrado. Mueve tu varita terminada a través del humo y úsala para rodearte de humo una vez más. Ahora, tú y tu varita estáis vinculadas.

Nota: esta es la forma más básica de hacer una varita, pero si tienes habilidades de carpintería, puedes sacar el torno, los tintes y los selladores. Si deseas obtener más información sobre tu varita, consulta el libro *The Witch's Wand* [La varita de la bruja], de Alferian Gwydion MacLir.

Hechizo para ablandar el carácter con sirope de arce

En esta «variante» del clásico tarro de miel *hoodoo*, la bruja utiliza el sirope de arce para que alguien se muestre más dulce o favorable con ella: un amante, un empleador, un cliente o tal vez un arrendador potencial.

Puesto que el sirope de arce es tan multifuncional, este hechizo puede utilizarse para cualquiera de los propósitos enumerados anteriormente en este capítulo. Si pretendes atraer a un amante, utiliza una vela roja o rosada y pétalos de rosa, una fotografía o un mechón de cabello. Para obtener un determinado trabajo, lo mejor es una vela verde o dorada; usa también brillantina o monedas mágicas, una tarjeta de presentación para el lugar en el que quieres trabajar u otros talismanes de prosperidad económica, como piñas de secuoya.

Necesitarás:

- Un tarro de vidrio de 120 ml con la tapa de metal.

- Sirope de arce puro.

- Un trozo de papel cuadrado y un bolígrafo.

- Artículos personales, como fotografías, mechones de pelo o una tarjeta de visita (opcional).

- Hierbas, raíces, pétalos de flor, monedas y brillantina (opcional).

- Una vela cónica y un aceite de aderezo apropiado.

1. Llena el frasco con sirope de arce hasta cerca del borde y déjalo a un lado.

2. Escribe tu nombre, el nombre de la persona a la que quieres ablandar y tus intenciones en el trozo de papel cuadrado, según estas instrucciones:

- Escribe tres veces el nombre de la persona a la que quieres ablandar en la parte central del papel.
- Gira el papel 90 grados en el sentido de las agujas del reloj y escribe tu nombre encima del otro. El trazo de los nombres así superpuestos tendrá la forma de una almohadilla, o de los trazos que se hacen para jugar al tres en raya (#).
- Anota tu intención escribiéndola en círculo alrededor de los nombres que has escrito sin levantar el bolígrafo del papel hasta que los dos extremos se encuentren. No pongas los puntos de las íes, no pongas el trazo horizontal de las tes y no dejes espacios.
- Dobla el papel por la mitad hacia ti, gíralo 90 grados en el sentido de las agujas del reloj y vuelve a doblarlo. Sigue así hasta llegar a tener un cuadrado pequeño.

3. Mete un dedo en el frasco y prueba el sirope de arce; saborea su dulzor. Pon tu papel con la petición en el frasco y asegúrate de que quede bien cubierto por el sirope. Opcionalmente, añade hierbas u otros elementos, fotografías (ten en cuenta que se estropearán) o tarjetas de presentación; lo que quieras. Cuando todo esté dentro, cierra el frasco herméticamente.

4. Unta la vela con el aceite que estés usando con un movimiento ascendente, y a continuación derrite un poco la base de la vela para poder pegarla en la tapa. Enciende la vela con tu intención en mente. Si el hechizo no ha culminado cuando la vela se apague, no dudes en encender otra.

Meditación del sauce bajo la luna llena

No es necesario talar, quemar, rajar (para sacar la resina) o reducir a polvo los árboles para poder conectar con su energía mágica. También es posible conectar de forma regular con el árbol vivo. Para ello, basta con establecer contacto con él y abrir la mente.

En una noche de luna llena, encuentra un sauce en tu jardín o en un lugar público bajo el cual puedas sentarte sin que te molesten. Asegúrate de poder ver la luna a través de las ramas. Puedes llevar una manta o almohada para estar más cómoda, pero intenta estar en contacto con las raíces o el tronco.

La sencilla práctica de conexión a tierra (*grounding*) que has ido perfeccionando en los últimos capítulos te ha permitido conectar con los cuatro elementos físicos, y ahora vas a hacer lo mismo con el quinto: el éter o espíritu. Este es el elemento de la magia, la espiritualidad y el cosmos.

Ponte cómoda y empieza por conectar con los elementos físicos. Escucha cómo sopla la brisa a través de las gráciles ramas del sauce, siente el refugio que te proporciona su cálido abrazo e imagina que el agua de la tierra es atraída hacia la superficie por la fuerza de la luna. Percibe la estabilidad de la tierra debajo de ti y la fuerza de las raíces del sauce. Mientras la luna tira del agua hacia arriba para alimentar las raíces del árbol, el sauce atrae la luz de la luna hacia la tierra para hacer que todo lo que hay a tu alrededor se vuelva exuberante. Ahora también formas parte de este ciclo. Imagina que la luz de la luna gotea desde cada rama del sauce y te envuelve con su luz. Este es el elemento del espíritu. ¿Qué sensación te produce este elemento? ¿Se parece en algo a algún otro?

Tómate un tiempo para mirar la luna y quédate ahí todo el tiempo que desees. Si quieres recoger ramas de sauce para tus escobas, este sería el momento ideal para realizar esta tarea.

Si no tienes la posibilidad de poder estar junto a un sauce, puedes hacer esta meditación de todas maneras, con un poco de imaginación adicional. También puedes encontrar una foto o un vídeo de un sauce que te llame la atención y te induzca calma.

Capítulo 8

La fuerza de las piedras y cristales

Piedras, cristales y rocas mágicas: estas piezas fuertes y relucientes llenas de magia terrestre pueden ponernos en contacto con la sabiduría ancestral del planeta.

Cristales y piedras

Hay cientos de variedades de cristales hermosos y poderosos, pero los siguientes quince son especialmente adecuados para la práctica de la brujería verde.

Advertencia: algunos de los cristales que se presentan en este capítulo, como la malaquita, la piedra de luna y la crisocola, pueden ser dañados por el agua o pueden filtrar metales tóxicos en ella, por lo que no deben sumergirse nunca. Haz tus investigaciones en todos los casos.

Cuarzo

Otro nombre: el maestro sanador.

Tipo de mineral: dióxido de silicio.

Elemento: éter.

Asociaciones astrológicas: Aries y Leo.

Chakras: el de la corona, el del tercer ojo, el de la garganta, el del corazón, el del plexo solar, el sacro y el raíz.

Energías: multifuncionalidad, sanación, atracción, alejamiento, manifestación, nuevos comienzos, protección, limpieza, equilibrio de los chakras, meditación.

Usos mágicos: el cuarzo transparente es la máxima expresión del cristal multifuncional y se puede utilizar para proyectar o aportar cualquier tipo de energía. También puede reemplazar cualquier piedra. Se lo conoce como el maestro sanador, «labor que ejerce» tanto en el ámbito espiritual como en el emocional.

Amatista

Tipo de mineral: dióxido de silicio, manganeso.

Elemento: agua.

Asociaciones astrológicas: Acuario y Piscis.

Chakras: el del tercer ojo y el de la corona.

Energías: intuición, consuelo, sueño, seguridad en los viajes, manifestación, superación de las adicciones y mantenimiento de la abstinencia, protección contra energías y espíritus negativos, amor.

Usos mágicos: hay quienes dicen que esta variedad púrpura de cuarzo es «la lavanda de los cristales», porque gusta en todo el mundo y por su energía calmante. La amatista puede ayudarte a tener un sueño más reparador, con menos pesadillas, y a abrir tu mente a los nuevos pensamientos y a la meditación.

Piedra de luna

Otro nombre: piedra de luna arcoíris.

Tipo de mineral: feldespato.

Elemento: agua.

Asociaciones astrológicas: la Luna; Cáncer.

Chakras: el sacro, el del tercer ojo y el de la corona.

Energías: intuición, meditación, magia de la luna llena, poder psíquico, claridad mental, creatividad, autoexpresión, protección en los viajes, salud de la mujer, empoderamiento.

Usos mágicos: hay algunas variedades de piedra de luna, pero la arcoíris es la más hermosa y poderosa. Este cristal es una representación contundente de la brillante luna llena. Es intuitivo, sanador y misterioso. Es un talismán para viajar en la oscuridad, en el agua o en cualquier lugar en el que puedas necesitar que la luna alumbre tu camino.

Labradorita*

Tipo de mineral: feldespato plagioclasa.

Elemento: agua.

Correspondencia astrológica: Escorpio.

Chakras: el del tercer ojo y el de la garganta.

Energías: intuición, meditación, magia de la luna nueva, disipar la ilusión, clarividencia, independencia, la aurora boreal, comunicación.

Usos mágicos: si la variedad de feldespato blanca o arcoíris está asociada con la luna llena, la labradorita lo está con la luna nueva, que solo muestra una franja de luz muy tenue. Es una piedra que favorece la intuición, la meditación y la claridad mental. Los pueblos indígenas del Atlántico canadiense consideraban que los colores luminiscentes de la labradorita eran la aurora boreal sintetizada en una piedra.

---

* Otro nombre: espectrolita. (N. del T.)

Ágata musgo y ágata árbol

Tipo de mineral: cuarzo con manganeso y hierro (ágata musgo); calcedonia con dendrita (ágata árbol).

Elemento: tierra.

Correspondencia astrológica: Virgo.

Chakras: el del corazón (ágata musgo), estrella de la tierra (ágata árbol).

Energías: el ágata musgo es la piedra de los jardineros, los nuevos comienzos, el crecimiento, la suerte, la atracción de negocios, la magia animal, el espíritu empresarial y la prosperidad. El ágata árbol es la piedra de la abundancia, el crecimiento, la sanación de la tierra, las conexiones, la eliminación de bloqueos y la magia de los árboles.

Usos mágicos: aunque estas dos piedras están compuestas de minerales un poco diferentes, su energía general es tan complementaria que actúan como piedras hermanas. Ambas atraen la prosperidad y la abundancia y nos conectan con las energías de la tierra; pero mientras que el ágata musgo nos conecta suavemente con la energía profunda de la tierra fresca, el ágata árbol nos recuerda que el cielo es el límite. Estas piedras constituyen la mejor combinación de cristales de la bruja verde.

Obsidiana

Otro nombre: la piedra del mago.

Tipo de mineral: vidrio volcánico, magma.

Elementos: todos.

Correspondencia astrológica: Escorpio.

Chakra: el raíz.

Energías: sanación emocional, absorción de la energía negativa, limpieza, armonía, protección, confianza, visión del futuro, adivinación, poder personal, magia animal, conexión a tierra.

Usos mágicos: la obsidiana es protectora y sanadora, y nos conecta a tierra. Este vidrio volcánico se lleva y se usa para fomentar el poder personal, se exhibe en el centro del hogar para armonizar la energía y se usa para leer el futuro y practicar la adivinación.

Malaquita

Tipo de mineral: carbonato de cobre.

Elemento: tierra.

Correspondencia astrológica: Escorpio.

Chakra: el del corazón.

Energías: protección, amor, encanto, sanación de traumas, sensualidad, relaciones saludables, valentía, magia en los viajes, conquista del miedo, absorción de energía.

Usos mágicos: como mineral en bruto, la malaquita puede ser tóxica y no debe estar en contacto con la piel por mucho tiempo. Afortunadamente, como mineral pulido es seguro llevarla encima. Digo «afortunadamente» porque esta piedra es muy especial. En el antiguo Egipto, los sarcófagos de los faraones presentaban un corazón de malaquita tallado para asegurar que el corazón de esos dirigentes llegaría sano y salvo al más allá.

Piedra de sangre

Otro nombre: Heliotropo.*

Tipo de mineral: calcedonia con inclusiones de jaspe.

Elementos: tierra y fuego.

Correspondencia astrológica: Aries.

Chakras: el raíz, el sacro, el del corazón.

Energías: sanación de familias, habilidades deportivas, energía, protección, riqueza, magia de la tierra, buena suerte, conexión a tierra, creatividad, ancestros.

Usos mágicos: la piedra de sangre fue el primer cristal que compré y con el que trabajé, y hasta el día de hoy, es uno de mis favoritos. Es cálido y reconfortante, además de apasionado y protector. Es excelente para la conexión a tierra y la magia de la prosperidad, así como para incrementar la resistencia física y las habilidades deportivas. También es la piedra de los dramas familiares y la sanación del ámbito familiar. La piedra de sangre puede ayudarte a sanar de una situación familiar difícil o a conectar más con la familia de corazón a corazón, y puede sanar los traumas espirituales que se transmiten de generación en generación.

---

* En España también se conoce como *sanguinaria*. (N. del T.)

Cuarzo rosa

Tipo de mineral: dióxido de silicio, manganeso.

Elemento: agua.

Correspondencia astrológica: Tauro.

Chakra: el del corazón.

Energías: compasión, romanticismo, amor por uno mismo, sanación emocional, diversión, dulzura, paz, belleza, perdón, autocuidado.

Usos mágicos: esta dulce piedra es la máxima expresión del amor suave e incondicional. Puedes darla a otras personas para que puedan sentir en todo momento que tu corazón está con ellas; también puede sanar un corazón destrozado o una relación rota. Es una piedra de afirmación del yo.

Piedra de lava y piedra pómez[*]

Tipo de mineral: roca volcánica.

Elementos: todos.

Correspondencias astrológicas: Aries y Escorpio.

Chakras: el del plexo solar y el sacro.

Energías: energía, fuego, armonía, protección, suerte, sanación emocional, resistencia, limpieza, belleza.

Usos mágicos: la piedra de lava y la piedra pómez se forman durante las erupciones volcánicas, cuando la roca volcánica

---

[*] La piedra pómez también se conoce por estos nombres: pumita, jal, liparita. (N. del T.)

comienza a enfriarse, pero la piedra pómez tiene más gases y aire atrapados en ella que la negra piedra de lava. La energía de los cuatro elementos físicos participó en su creación, lo que hace que sean magníficas herramientas de conexión a tierra. Aunque ambas están asociadas con la ardiente pasión de Pele, la diosa hawaiana de los volcanes, también están conectadas con el poder limpiador del océano.

Galaxita

Tipo de mineral: microfeldespato.

Elemento: éter

Correspondencia astrológica: Sagitario.

Chakra: el de la corona.

Energías: limpieza, sanación y energización del aura; lectura del aura, astrología, asombro, otras galaxias, seres cósmicos, viajes astrales, apaciguamiento, comunicación intergaláctica, magia onírica, espiritualidad, claridad mental.

Usos mágicos: esta es otra variedad de feldespato, como la piedra de luna y la labradorita, pero sus pequeñas motas hacen que brille como un cielo lleno de estrellas. Es una piedra de poder para los astrólogos y astrónomos, los observadores de estrellas, los cazadores de ovnis y las personas que leen el aura. Es el mejor cristal para limpiar y reparar el campo áurico, por lo que es muy relajante sostenerlo en aquellos momentos en los que estemos experimentando ansiedad o dolor.

Aguamarina

Tipo de mineral: berilo.

Elemento: agua.

Correspondencia astrológica: Piscis.

Chakras: el de la garganta, el del corazón y el del tercer ojo.

Energías: magia del agua, belleza, hechizos de amor, sanación, intuición, atracción, buena suerte, magia de sirenas, justicia, humildad, coraje silencioso, efecto ansiolítico, magia en los viajes, apaciguamiento, autoexpresión, ir con el flujo.

Usos mágicos: la aguamarina es considerada una piedra de sirenas y la versión cristalina del espíritu del océano. Está asociada con la belleza, el amor y la intuición, y es excelente para llevarla encima a diario. Cuando tu vida sea caótica y estés luchando por mantenerte a flote, lleva la aguamarina y la obsidiana juntas; así te beneficiarás tanto de la energía del volcán en erupción como de la energía del océano profundo para mantenerte equilibrada y estable mientras pasas por esa situación de cambio.

Aragonito (aragonita)

Tipo de mineral: carbonato cálcico dimorfo.

Elementos: tierra y agua.

Correspondencia astrológica: Capricornio.

Chakras: estrella de la tierra, el sacro y el raíz.

Energías: espiritualidad de la tierra, sanación de relaciones, sanación de la tierra, conexión a tierra, moderación, éxito, sentirse como en casa en el propio cuerpo, conexiones, equilibrar lo material y lo mágico, generosidad, paciencia.

Usos mágicos: esta piedra es de un color naranja oxidado que recuerda la arcilla naranja de los montes Apalaches. Crece en racimos brillantes que no terminan en punta, sino en pequeños espejos romos. El aragonito nos conecta con la energía de la tierra de una manera muy profunda y puede ayudarnos a conectar con nuestra naturaleza salvaje.

Crisocola

Tipo de mineral: silicato de cobre hidratado, cuarzo calcedonia.

Elemento: tierra.

Correspondencias astrológicas: Tauro y Libra.

Chakras: el del corazón y el de la garganta.

Energías: tranquilidad, comunicación, energía femenina en personas de cualquier sexo, protección emocional, alegría, sabiduría, consuelo para quienes viven solos, música, madurez, impide la comunicación no deseada, sensualidad, independencia de la mujer, meditación, honestidad.

Usos mágicos: la crisocola recuerda a la turquesa, pero presenta tonos más oscuros de azul y verde junto con el color más claro. Esta piedra está asociada con las mujeres fuertes que se sienten seguras de sí mismas a cualquier edad y con las personas de cualquier sexo que desean conectarse a la energía considerada femenina de una manera segura y contando con apoyo. Es una piedra relajante y tranquila; también te ayuda a comunicarte mejor y, a la vez, evita que tengas que comunicarte con aquellas personas de las que no puedes esperar nada bueno.

Sal del Himalaya

Otro nombre: Halita rosa.

Tipo de mineral: haluro, cloruro de sodio.

Elemento: tierra.

Correspondencias astrológicas: Cáncer y Piscis.

Chakras: el del corazón y el sacro.

Energías: amor por uno mismo, protección, limpieza, amor, conexión a tierra, salud, éxito, volver a empezar, felicidad, sanación de relaciones y corazones rotos, purificación.

Usos mágicos: hay muchas variedades de sal. Todas son útiles en la práctica mágica para limpiar y conectar a tierra, pero la sal rosa del Himalaya está de moda, y con razón. Este hermoso mineral de tonos rosa y naranja es un fantástico limpiador del cuerpo, del hogar y del espacio espiritual que nos rodea. Se puede encontrar en trozos grandes como cristal o molida en granitos gruesos para usos culinarios o relacionados con la salud.

Las piedras y cristales
en la práctica

Limpieza del aura con la galaxita

La galaxita es el cristal que más te ayudará a cuidar tu aura limpiando y reparando tu campo energético.

Necesitarás:

- 1 pieza de galaxita, pulida o tallada en forma de varita.

1. En una estancia silenciosa, toma la galaxita con tu mano dominante y sostenla por encima de tu chakra corona, a unos centímetros de distancia del cuerpo físico.

2. Pasa la piedra hacia abajo poco a poco, tomando nota de cualquier sensación que experimentes. Pásala cerca de la cabeza, los brazos, el pecho, las piernas e incluso los pies. Si sientes que alguna parte de tu aura necesita más atención, sostén el cristal en ese punto e imagina que las pequeñas estrellas que adornan su superficie se mezclan con tu aura.

Nota: también puedes usar este cristal para que te ayude a ver o leer las auras con mayor claridad y para obtener una visión más amplia de áreas cósmicas de conocimiento, como la astrología.

Cuadrícula de cristales para potenciar el coraje

Esta cuadrícula de cristales te proporcionará un referente de seguridad y apoyo al que acudir cuando te sientas abrumada por tus miedos. Constrúyela en tu altar en forma de cuadrado, que es un símbolo de los límites claros, la conexión a tierra y el incremento de la confianza en uno mismo.

Necesitarás:

- 4 piezas de obsidiana.
- ½ vaso de sal del Himalaya molida en granos gruesos.
- Una rejilla de cristal cuadrada (opcional).
- 4 piedras de sangre.
- 1 pieza de malaquita grande.
- Papel y bolígrafo.
- Tu varita, más cristales, hierbas o flores asociados con el coraje y la bravura (opcional).

1. Reúne tus artículos en tu altar o espacio de trabajo y empieza por enfocarte en tu intención. Si no necesitas nada en concreto, empieza con esta: «Estoy a salvo, soy fuerte y mi corazón no conoce el miedo».

2. Agarra las cuatro piezas de obsidiana para ponerlas en el perímetro exterior de la cuadrícula con el fin de aprovechar su increíble energía protectora. Pon una en cada esquina del cuadrado. Emplea la sal para trazar una línea que conecte cada una de las piezas de obsidiana para limpiar el espacio de cualquier energía negativa que pudiera entrar. Si quieres, puedes usar una rejilla de cristal cuadrada como guía.

3. Haz un cuadrado más pequeño dentro de ese límite y pon las piedras de sangre en las cuatro esquinas. Esta piedra enraizadora está asociada con la familia y los antepasados, por lo que esta disposición puede simbolizar que tu familia permanece a salvo, que cuentas con tu familia para sentirte segura o ambas cosas.

4. Coloca la malaquita en el centro, ya que esta es la piedra principal de esta cuadrícula. La malaquita es una piedra intensa asociada con la sanación del corazón y con la conquista del miedo. También es un poco tóxica en su forma bruta, lo cual brinda una capa de protección adicional. Pon el papel en el que has escrito tu intención en el centro de la cuadrícula, con la malaquita encima.

5. Añade otros cristales, hierbas u otros elementos que quieras a la cuadrícula para personalizarla, pero hazlo sin romper ese perímetro exterior de sal y obsidiana.

6. Activa la cuadrícula usando tu varita o un dedo para tocar cada cristal principal, desplazándote desde el límite hacia la malaquita, que yace a salvo, «bien arropada», en el centro. Toca las obsidianas y di: «Estoy a salvo». Toca las piedras de sangre y di: «Soy fuerte/Mi familia es fuerte». Finalmente, toca la malaquita y di: «Mi corazón no conoce el miedo». Medita con tu cuadrícula siempre que necesites una dosis extra de coraje.

Elixir de cristal de aguamarina

Los elixires y esencias de cristales son el espíritu y la energía de los cristales suspendidos en el agua. Puedes incorporar este elixir de aguamarina a bebidas, baños y comidas, o puedes tomarlo poniéndolo debajo de la lengua siempre que quieras aprovechar la energía mágica de las sirenas.

Necesitarás:

- 1 pieza de aguamarina pulida.
- Agua mineral o de manantial.
- Un tarro de vidrio limpio y transparente.
- Un pequeño frasco cuentagotas o un pequeño pulverizador (o muchos).
- Alcohol (el coñac o el vodka son apropiados).

1. Limpia tu aguamarina con el agua. Deposita el cristal en el fondo del frasco con suavidad y cúbrelo con tanta agua como quieras.

2. Pon el frasco en el alféizar de una ventana, en un punto en el que el sol pueda darle directamente durante un período de tres a cuatro horas. Asegúrate de que no le toque nada de sombra en ningún momento.

3. Usa la intuición para determinar cuándo el elixir está listo para ser utilizado. Sé que el mío está a punto cuando el frasco tiene burbujas muy pequeñas adheridas a los lados y el agua comienza a tener una coloración o energía irisada.

4. Para conservar el elixir, mételo en frascos cuentagotas, llenando tres cuartas partes de estos recipientes. Acaba

de rellenarlos con vodka o coñac para evitar que el agua se eche a perder.

Nota: la aguamarina es ideal para un primer elixir porque es segura y limpia, y está muy en sintonía con el agua de por sí. Como la aguamarina es un cristal que estimula la belleza, puedes añadir este elixir a una niebla facial (como la que se hace con trébol rojo, tal como se expone en el capítulo cuatro) o a un perfume.

Conéctate a tu chakra estrella de la tierra

Los siete chakras corporales que hemos explorado en este libro son los más conocidos, pero el cuerpo humano cuenta con miles de estos centros energéticos mágicos. Después de los chakras del cuerpo físico están los del cuerpo espiritual. El más importante de estos con el que conviene que conecten las brujas verdes se llama *estrella de la tierra*, y se encuentra debajo de la superficie terrestre. Piensa en este chakra como la atadura que te sujeta no solo al planeta físico, sino también a la energía mágica, los humanos y las criaturas que viven aquí.

El aragonito naranja es un cristal precioso que nos ayuda a conectarnos con esta energía terrestre; muchas veces imagino el chakra mismo como un agregado de maclas de aragonito chispeante.

Ponte de pie o sentada con los pies apoyados en el suelo; es mejor si estás en el exterior. Pon un agregado de maclas de aragonito entre tus pies y haz tu meditación de conexión a tierra (la práctica del *grounding*). Imagina que esta estrella de color óxido se encuentra treinta centímetros bajo tierra. Visualiza cómo salen de la tierra unos filamentos finos y dorados y establecen contacto con tus pies. Confía en que si alguna vez te desconectas de la energía de la tierra y comienzas a flotar por ahí u olvidas el lugar que ocupas en el mundo, estos hilos dorados te anclarán suavemente a tu chakra cristalino.

Cuando estés conectada conscientemente a la estrella de la tierra, podrás atraer la energía de la tierra con mayor facilidad y enviar energía sanadora de regreso a ella. Este chakra puede ayudarte a comprender las formas en que puedes servir o salvar al planeta Tierra y sus habitantes, cómo puedes contribuir a los ciclos de la naturaleza y cómo puedes usar tus poderes de bruja verde para tener un impacto en el mundo.

Los cristales y las plantas medicinales

¿Estás pensando en cultivar tus propias plantas mágicas para usarlas en tu práctica? Este breve hechizo, fácil de realizar, utiliza ágata musgo y ágata árbol, y tu conexión se verá reforzada para canalizar, hacia la magia, el crecimiento de todo lo que cultives, y reforzar tu conexión. Este hechizo se puede realizar antes o después de la plantación y en cualquier etapa del crecimiento.

Necesitarás:

- Plantas o semillas en macetas.
- 1 pieza de ágata árbol pulida.
- 1 pieza de ágata musgo pulida.

1. Pon una mano sobre la tierra que estás usando mientras sostienes las piezas de ágata contra tu corazón.

2. Imagina o siente cómo se manifiesta una luz verde alrededor de los cristales y tu corazón, conectándolos.

3. Acércate a tu planta (o a tus semillas) y di:

   Cuando yo crezco, tú también lo haces (vosotras también lo hacéis).
   Cuando yo florezco, tú también lo haces (vosotras también lo hacéis).
   Cuando yo me abro a la magia de la tierra, tú también lo haces (vosotras también lo hacéis).
   Cuando yo amo, también te amo a ti (también os amo a vosotras).

4. Entierra los cristales en la tierra y visualiza la planta desde sus raíces, las cuales hacen que esté fuerte y saludable.

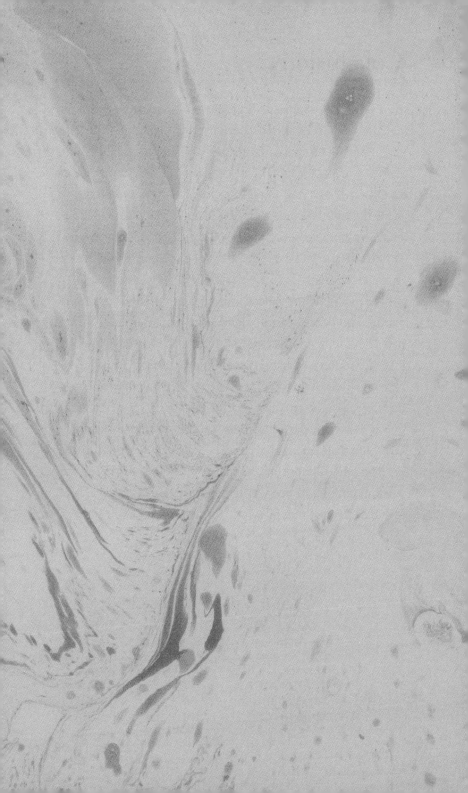

Conclusión

Con esta guía práctica de brujería verde, espero que te hayas decidido a emprender un nuevo camino, flanqueado por flores y hierbas aromáticas, cristales brillantes, árboles imponentes y magia. Al sumergirte en estas páginas, ya has empezado a tener una relación más profunda con la tierra justo en el lugar donde te encuentras, ya sea una pequeña cabaña en el bosque o un balcón con vistas a la ciudad. Esta relación con la tierra te apoyará a dondequiera que te lleve la práctica de la brujería verde.

A medida que avances y vayas generando así tu propio camino, no olvides seguir siendo curiosa y humilde. Nunca dejes de confiar en tus sentidos, tanto físicos como psíquicos, y ve afinando tu relación con el mundo natural y mágico en el que habitas. Acuérdate de escuchar la invaluable sabiduría de nuestros ancestros arbóreos. Acoge todo lo que este mundo sagrado tiene para enseñarte y apóyate en la sensación de atracción de la luna y la expansión del cosmos. Y por último, pero no menos importante, sigue nutriéndote a través de ese cordón umbilical único y brillante que te conecta con el motor ubicado en lo más profundo de la tierra.

Recursos

Basile, Lisa Marie. (2018). *Light Magic for Dark Times: More than 100 Spells, Rituals, and Practices for Coping in a Crisis*. Beverly (Massachusetts), EUA: Fair Winds Press.

Los hechizos y rituales contenidos en este libro constituyen la definición misma de lo que es la magia práctica y accesible empleada con cualquier propósito.

Bird, Stephanie Rose. (2004). *Sticks, Stones, Roots & Bones: Hoodoo, Mojo & Conjuring with Herbs*. Woodbury (Minnesota), EUA: Llewellyn.

Una guía excelente sobre las hierbas, raíces y tradiciones de las prácticas *hoodoo*.

Blackthorn, Amy. (2018). *Blackthorn's Botanical Magic: The Green Witch's Guide to Essential Oils for Spellcraft, Ritual & Healing*. Newburyport (Massachusetts), EUA: Weiser Books.

Este libro te explicará todo lo que necesites saber sobre el uso de los aceites esenciales en tu práctica.

Blake, Deborah. (2014). *The Witch's Broom: The Craft, Lore & Magick of Broomsticks*. Woodbury (Minnesota), EUA: Llewellyn.

Deborah Blake es la reina de la «brujería cotidiana», y esta guía ofrece a las brujas formas modernas de hacer, decorar y usar escobas en su práctica.

Dugan, Ellen. (2015). *The Natural Psychic*. Woodbury (Minnesota), EUA: Llewellyn.

Ellen Dugan es conocida como «la bruja del jardín», y el conocimiento que tiene de la magia vegetal es asombroso.

Este libro se enfoca en aprovechar y cultivar los sentidos psíquicos naturales.

Eason, Cassandra. (2010). *The Complete Crystal Handbook: Your Guide to More Than 500 Crystals*. New York, EUA: Sterling.

Esta es una enciclopedia que presenta quinientos cristales. Incluye sus usos en hechizos, en el trabajo o en el hogar, y en la práctica de la adivinación.

MacLir, Alferian Gwydion. (2015). *The Witch's Wand: The Craft, Lore, and Magick of Wands & Staffs (The Witch's Tools Series)*. Woodbury (Minnesota), EUA: Llewellyn.

Esta pequeña guía elaborada por un auténtico fabricante de varitas incluye todo lo que necesitas saber sobre cómo hacer y usar tu propia varita, y la historia que hay detrás de su uso en el campo de la magia.

Roth, Harold. (2017). *The Witching Herbs: 13 Essential Plants and Herbs for Your Magical Garden*. Newburyport (Massachusetts), EUA: Weiser Books.

Hace más de veinte años que Roth se dedica a la herbología mágica, y está especializado en plantas venenosas como la datura. Proporciona instrucciones detalladas sobre la forma de cultivar las platas y utilizarlas mágicamente en *The Witching Herbs* y vende semillas en su sitio web Alchemy Works.

Smith, Jacki. (2011). *Coventry Magic with Candles, Oils, and Herbs*. Newburyport (Massachusetts), EUA: Weiser Books.

Este libro inspirado en el *hoodoo* es una guía increíble para emprender el camino de la brujería y trabajar con velas; además, es inspirador y empoderador.

Whitehurst, Tess. (2013). *The Magic of Flowers: A Guide to Their Metaphysical Uses & Properties.* Woodbury (Minnesota), EUA: Llewellyn.

_____ (2017). *The Magic of Trees: A Guide to Their Sacred Wisdom & Metaphysical Properties.* Woodbury (Minnesota), EUA: Llewellyn.

Todas las obras de Tess Whitehurst son inspiradoras y realmente mágicas. Estos dos libros enciclopédicos presentan más de ochenta variedades de flores y árboles, sus propiedades mágicas, y hechizos y rituales que pueden hacerse con cada una. Los libros de Whitehurst constituyen una asombrosa combinación de información práctica y formas de vivir una vida absolutamente mágica.

Glosario

Anual (planta): una planta anual es aquella cuyo ciclo vital (desde que brota de una semilla hasta que produce sus propias semillas) tiene lugar durante una sola temporada de crecimiento; después muere.

Aura: el aura es el campo energético metafísico que rodea el cuerpo humano y trabaja juntamente con los chakras. El color, la forma y el estado del aura de una persona pueden indicar varios rasgos de su personalidad o de su desarrollo espiritual.

Bienal (planta): las plantas bienales tardan dos años en completar su ciclo de crecimiento y florecer. En el primer año crecen las raíces, los tallos y las hojas, y en el segundo año estas plantas florecen y producen frutos y semillas. Después mueren.

Bolsa mojo/saquito-amuleto: esta bolsita es un hechizo que se puede llevar sobre el cuerpo. Las bolsas mojo tradicionales, que tienen su origen en el *hoodoo*, suelen consistir en una bolsita de franela roja en la que se introduce un número impar de hierbas, raíces, cristales, monedas, conchas y otros talismanes.

Bruja de cerco: es un tipo de bruja que, como la bruja verde, usa las hierbas para practicar la magia y la sanación; pero la bruja de cerco se sirve, también, de prácticas más esotéricas, como los viajes astrales y la adivinación. La denominación proviene de la expresión *cabalgar el cerco*, que significaba tener un pie en nuestro mundo (el mundo de lo vivo) y un pie en el mundo de los muertos y las hadas, o plano astral.

Bruja de cocina: este tipo de bruja verde centra su actividad mágica en el hogar y los fogones. La cocina es su altar y sus utensilios de cocina son sus herramientas mágicas. Muchas preparan remedios y comidas mágicas, y practican la magia para ayudar a su familia.

Chakra: esta palabra significa 'rueda' en sánscrito. Los chakras son puntos de energía física y espiritual presentes en todo el cuerpo. Hay siete chakras principales, que se corresponden con distintas partes del cuerpo y con fuerzas como la intuición, las emociones o las facultades psíquicas. Cada chakra está asociado con un color, un símbolo, un órgano y un elemento.

Cristales: las palabras *cristal*, *piedra* y *roca* se usan indistintamente en el ámbito de la brujería, aunque presentan diferencias desde el punto de vista científico. Cada mineral tiene su propia energía, su poder y sus efectos en nuestra salud física y metafísica.

Elemento: en Occidente, los elementos clásicos son la tierra, el aire o viento, el fuego, el agua y el éter o espíritu. Cada elemento está en sintonía con ciertas energías, comportamientos, partes del cuerpo y actividades.

Éter/*akasha*/espíritu: éter, espíritu y *akasha* son formas de designar el quinto elemento, el cual no es en absoluto físico. Éter y *akasha* se utilizan para describir el cosmos y los cuerpos celestes, y el reino de los dioses y los espíritus.

Familiar (en referencia a un animal): un animal familiar es aquel que pertenece a la bruja y la ayuda en su trabajo con la magia. Históricamente, los *familiares* eran entidades o espíritus sobrenaturales, pero las brujas modernas suelen denominar *familiares* a sus mascotas si comparten una conexión espiritual.

Herborista: un(a) herborista puede cultivar y recoger hierbas medicinales, convertirlas en remedios y suministrárselas a quienes precisen curación. Se requieren años de formación para ser herborista, y es una práctica muy regulada en algunos lugares.

Hoodoo: el *hoodoo* es una de las muchas religiones con origen en la diáspora africana que se practican en el continente americano, donde llegó de la mano de los esclavos africanos. El *hoodoo* es más un conjunto de prácticas que una religión propiamente dicha, y provino de los individuos esclavizados que estaban concentrados principalmente alrededor del delta del Misisipi, en el sur de Estados Unidos. Se extendió por todo Estados Unidos y Canadá, especialmente en lugares ubicados a lo largo del *ferrocarril subterráneo*. El *hoodoo* incorpora hierbas, raíces, plantas, polvos y otros talismanes en una práctica mágica junto con creencias e historias cristianas.

Magia popular: *magia popular* o *religión popular* hace referencia a prácticas espirituales y culturales que se originan en un lugar específico o entre un determinado grupo de personas. Esta magia suele ser independiente de la religión dominante pero suele practicarse junto con ella.

Medicina tradicional china: este sistema de medicina natural de tres mil años de antigüedad combina el uso de hierbas medicinales, la acupuntura, la terapia alimentaria, los masajes y el ejercicio terapéutico para mantener armonizado el *qi* o fuerza vital.

Perenne (planta): es una planta cuyo ciclo vital es superior a dos o tres años.

Regente planetario: cuando un objeto mágico está asociado con la energía de un determinado planeta, este se conoce como su regente planetario. Se trata de un sistema de correspondencias con origen en la Edad Media que nos permite clasificar las distintas energías de los objetos mágicos.

Índice temático

Agradecimientos

Quiero expresar un gran agradecimiento al equipo de Callisto, que me ha ayudado a hacer realidad uno de mis mayores sueños.

Nunca lo habría logrado sin mi hermana, la escorpio, quien me apoyó; gracias a ella conservé la cordura y el buen humor. Nunca ha existido una hermana tan entregada.

Soy muy afortunada de contar con una red en línea de brujas increíbles que me inspiran todos los días. Doy las gracias a W n' B, que me inspira a seguir aprendiendo e hizo posible que yo sea bruja a tiempo completo; a las autoras y artistas que me han acompañado en los *podcast* o han compartido sus puntos de vista, como Lasara Firefox Allen (¡la primera!), Lisa Marie Basile, Sarah Potter, Joanna Devoe, Fiona Horne, Lilith Dorsey y Aliza Einhorn, y a todas las demás brujas que me han animado en el camino.

Sobre todo, quiero mandar un saludo muy amoroso a todas las oyentes de The Fat Feminist Witch Podcast [El *podcast* de la bruja feminista gorda], que me han mostrado lo mágica que puede ser la vida. Lo sois todo para mí.

Sobre la autora

PAIGE VANDERBECK es la presentadora de The Fat Feminist Witch Podcast [El *podcast* de la bruja feminista gorda] desde 2015, pero se sumergió en la brujería con la «ola *wicca*» de la década de 1990. A pesar de ser muy capricornio, siempre ha tenido interés por lo místico y lo increíble, y ha dedicado su vida a ello. Ha escrito y hablado sobre la brujería moderna, la aceptación de la gordura y el feminismo en su propio sitio web, Medium, Revelist, The Dot, and Flare [Médium, juerguista, el lunar y la llamarada], y en los *podcasts* New World Witchery [La brujería del nuevo mundo], Magick and Mediums [Magia y médiums], Cannabis Act [Acto cannábico] y Hippie Witch [La bruja *hippie*]. Se formó como comadrona con toLabor en la ciudad de Nueva York, estudió historia y humanidades en el Douglas College (en la Columbia Británica) y se graduó en el programa de turismo y viajes del St. Clair College (Ontario).

Paige vive en Windsor (Ontario, Canadá) con su gata *Clover* y un pez *betta* llamado *Fish*, en una casa llena de fantasmas. Visítala en línea en TheFatFeministWitch.com.